Marcus Termeer

Menschen mit fremden Wurzeln in hybriden Stadtlandschaften

Versuch über Identität und Urbanität im Postfordismus

Marcus Termeer ist promovierter Soziologe und lebt als freier Autor in Freiburg i. Br. Er veröffentlichte u. a. zu Verkörperungen des Waldes, zu den Verhältnissen von Sicherheitspolitiken, Symbolökonomie und räumlicher Polarisierung in postfordistischen Städten, zur Rolle der (Sub-)Kultur bei der Inwertsetzung und Kontrolle des Urbanen, zur Produktion von Stadt- und Naturräumen im ‚postmaterialistisch' erneuerten Kapitalismus und zum Vergnügen als Arbeit und Herausforderung im Postfordismus.

Relationen – Essays zur Gegenwart 6
hrsg. von David Jünger, Jessica Nitsche und Sebastian Voigt

Marcus Termeer

Menschen mit fremden Wurzeln in hybriden Stadtlandschaften

Versuch über Identität und Urbanität im Postfordismus

Neofelis Verlag

Bibliografische Information der Deutschen Nationalbibliothek
Die Deutsche Nationalbibliothek verzeichnet diese Publikation in der Deutschen Nationalbibliografie; detaillierte bibliografische Daten sind im Internet über http://dnb.d-nb.de abrufbar.

www.neofelis-verlag.de

Umschlaggestaltung: Marija Skara
Lektorat & Satz: Neofelis Verlag (fs/ae)
Druck: PRESSEL Digitaler Produktionsdruck, Remshalden
Gedruckt auf FSC-zertifiziertem Papier.
ISBN (Print): 978-3-95808-015-7
ISBN (PDF): 978-3-95808-058-4

Inhalt

Vorwort

Das neue Buch von Thilo Sarrazin *Wunschdenken. Europa, Währung, Bildung, Einwanderung. Warum Politik so häufig scheitert* kletterte unmittelbar nach Erscheinen im April 2016 auf Platz Eins der *Spiegel*-Sachbuch-Bestsellerliste und verwies die kritische Edition von Adolf Hitlers *Mein Kampf* auf den zweiten Rang. Sarrazin hatte bereits in seinen letzten Büchern ausgiebig über die genetischen Unterschiede zwischen Menschen und über die Vererbung von Intelligenz schwadroniert. Weiterhin übt er sich in Völkerpsychologie, wenn er angesichts der sogenannten Flüchtlingskrise davor warnt, dass die Einwander_innen aus arabischen und afrikanischen Ländern die „kognitive Intelligenz" des deutschen Volkes dauerhaft schwächen könnten. Einen angemessenen Gesprächspartner findet er damit sicherlich in dem völkischen AfD-Ideologen und Thüringer Landtagsabgeordneten Björn Höcke, der sich seinen Kopf über das Verhältnis des „lebensbejahenden afrikanischen Ausbreitungstyp[s]" zum „europäischen Platzhaltertyp" zerbricht.

Derartige Positionen reihen sich in die an Zahl zunehmenden und im Duktus schärfer werdenden Debatten über nationale Identität, ‚deutsche Werte' und die angeblich unsichere Zukunft der deutschen Gesellschaft angesichts verstärkter Immigration ein. Gesellschaftliche Debatten über Identität gewinnen immer dann an Intensität, wenn die Verhältnisse unüberschaubarer und fluider werden und Identität zu erodieren droht, sei es u. a. durch vermeintlichen Verfall des moralischen Wertefundaments oder durch vermehrte Einwanderung. Komplexer werdende Situationen evozieren anscheinend das

Bedürfnis nach einfachen, manichäischen Antworten. Schnell wird dann zu biologistischer Metaphorik gegriffen; soziale Verhältnisse werden dadurch naturalisiert. Sarrazins und Höckes Darstellungen sind nur die prominentesten Beispiele für die Aktualität einer biologistischen Sprache im politischen Kontext. Der Verkaufserfolg von Sarrazin als Autor und die Wahlerfolge der AfD indizieren die gesellschaftliche Basis derartigen Denkens.

Marcus Termeer untersucht in seinem Essay die Omnipräsenz und gleichzeitige Ambivalenz der Wurzelmetaphorik im Kontext postfordistischer Urbanität. Er zeigt, dass selbst bei Migrant_innen der dritten Generation in den Medien immer noch häufig auf ihre angeblichen Wurzeln in einem anderen Land hingewiesen wird, als hätte diese Feststellung eine über die bloße Tatsache hinausgehende Bedeutung. Termeer geht der politischen und gesellschaftlichen Funktion dieser Metaphern nach und diskutiert ihre Implikationen in hybriden Stadtlandschaften. Auch in scheinbar toleranten Phänomenen wie dem Karneval der Kulturen in Berlin oder alternativen Praktiken wie dem Urban Gardening dechiffriert er die (impliziten) Ausschlussmechanismen. Die postfordistische, hybride Stadt wird nicht einfach nur bunt, mannigfaltiger und offener. Diese Entwicklungen weisen eine Kehrseite auf und produzieren neue Diskriminierungen, die auf sozialen Klassen- und Einkommensunterschieden gründen und zugleich meist ethnisch grundiert sind. Die in der heutigen Kommunalpolitik postulierte ‚Durchmischung' von Stadtvierteln trifft beispielsweise letztlich immer die Bereiche mit einem hohen Migrant_innenanteil, die als Problemviertel ausgemacht wurden. Die Forderung nach angemessener Durchmischung trifft folglich ausschließlich die arme Wohnbevölkerung, während etwa die Villenviertel davon unberührt bleiben. Termeer bringt in seinem Essay zwei aktuelle und hochbrisante gesellschaftspolitische Tendenzen in innovativer Weise zusammen.

Damit fügt sich der Band optimal in die Reihe *Relationen. Essays zur Gegenwart* ein. In der Reihe erscheinen Essays, die sich mit ganz unterschiedlichen Themen aus dem politischen, künstlerischen und kulturellen Spektrum beschäftigen sowie politische Auseinandersetzungen und Praktiken der Gegenwart in den Blick nehmen. Das verbindende Element der Reihe ist bei aller thematischen Breite immer der politische Gegenwartsbezug.

David Jünger, Jessica Nitsche und Sebastian Voigt
Berlin / Düsseldorf / München, August 2016

Das Theater der hybriden Stadträume

Eintritt frei?

In den letzten Jahren sind es immer mehr geworden. Überall wachsen die ‚Wurzeln' in der Fremde, die Menschen mit ‚Migrations(vor)geschichte' haben sollen: in Zeitungen, Radio und Fernsehen, im Internet, in Vorträgen... Je weniger die Einwanderungsgesellschaft in Deutschland zu leugnen ist, so der Eindruck, desto mehr wächst das Bedürfnis, als Zuwander_innen ausgemachte Menschen in ihren ‚Herkunftskulturen' zu fixieren, gerade auch dann, wenn damit eine positiv konnotierte soziale Vielfalt ausgedrückt werden soll.

Diese Vielfalt ist nicht zuletzt eingefügt in die Logik des Markts, die sich im Postfordismus auch auf ‚unternehmerische Städte' ausgeweitet hat. Kien Nghi Ha spricht in diesem Kontext von einer „theatralischen Performierung hybrider Stadträume"[1]. Er bezieht dies auf den Karneval der Kulturen in Berlin als „Exotisierung und Festivalisierung"[2] des urbanen Raums. Solche „Inszenierung[en] migrantischer Vielfalt"[3] werden integriert in die postfordistischen Transformationen von Städten in Marketinglandschaften zugunsten ökonomisch prosperierender Bevölkerungsschichten. In dieser umfangreichen Ästhetisierung des Urbanen spielt das Hybride eine herausragende Rolle. Inzwischen werden Städte vielfach als hybride Stadtlandschaften begriffen, in denen Aspekte des Urbanen und

1 Kien Nghi Ha: *Hype um Hybridität. Kultureller Differenzkonsum und postmoderne Verwertungstechniken im Spätkapitalismus.* Bielefeld: Transcript 2005, S. 103.

2 Ebd.

3 Ebd.

der (Kultur-)Landschaft ineinander übergehen. Auch das fügt sich in die Ästhetisierung ein– aber nicht nur, denn hier gibt es ebenso Brüche, Konflikte und soziale Kämpfe.

Auch die Wurzelmetapher steht also für – widersprüchliche – Auffassungen von Hybridität. Die in ihr wirksamen naturalisierenden bzw. kulturalisierenden Markierungen von Fremdheit stehen dabei immer auf der Kippe zur Ausgrenzung. Dieses Kippen hin zu Konstruktionen der Überfremdung lässt sich spätestens dann beobachten, wenn es um Stadträume ‚sichtbarer Ausländer' geht. Auch hier werden naturalisierende Metaphern wirksam, um solche Quartiere abzugrenzen von der ästhetisierten urbanen Marketinglandschaft.

‚Kippt die Stimmung?', ‚Wann kippt die Stimmung?', fragten die Medien in zunehmender Dringlichkeit seit dem Spätsommer 2015.

Fertiggestellt habe ich dieses Buch unter dem Eindruck dessen, was im politisch-medialen Hallraum Deutschlands seit diesem Zeitpunkt als ‚Flüchtlingskrise' auftauchte: eine ‚Krise', die erst ausgerufen wurde, als die Menschen begannen, in größerer Anzahl zu ‚uns' zu kommen. Diese ‚Krise' existierte offenbar nicht, solange ‚nur' Tausende infolge der Abschottung der EU-Grenzen im Mittelmeer ertranken oder solange Millionen vor dem Bürgerkrieg geflohene Syrer_innen in Staaten wie Jordanien und dem Libanon, aber auch in der Türkei ausharren mussten, während ihnen das Welternährungsprogramm die Hilfen kürzte, weil Geberländer wie Deutschland ihre Zahlungen weitgehend einstellten. In der ‚Flüchtlingskrise' gab es viel freiwillige Hilfe innerhalb einer ‚Willkommenskultur', an die sich gar die *Bild* mit dem von der Antifa gekaperten Motto #refugees welcome[4] anzuhängen versuchte – und es gab zunehmend pogromartige Stimmungen. Von Januar 2015 bis Ende Juli 2016 zählten die Amadeu Antonio Stiftung und Pro Asyl

4 #refugeeswelcome. Wir helfen. Die große Bild-Aktion. http://www.bild.de/news/topics/fluechtlingshilfe/wir-helfen-buehne-42385428.bild.html (Zugriff am 25.07.2016).

1.990 Angriffe auf Geflüchtete und ihre Unterkünfte, davon 228 Brandanschläge und 1.437 andere Angriffe wie Böller- und Steinwürfe, Schüsse oder rechte Schmierereien, 325 Körperverletzungen mit 499 Verletzten und 341 geflüchtetenfeindliche Kundgebungen.[5] Begleitet wurde das mit ebenfalls zunehmenden Äußerungen einer ‚Überforderung' Deutschlands in Medien und Politik. Ende Oktober 2015 beschloss eine ganz große Koalition aus CDU/CSU/SPD und Grünen in Bundestag und Bundesrat die drastische Verschärfung der Asylgesetze. Weitere Verschärfungen durch die Bundesregierung folgten. Einzelne Aspekte dieser ‚Flüchtlingskrise' werden im folgenden Text immer wieder auftauchen.

5 Vgl. Amadeu Antonio Stiftung: Chronik flüchtlingsfeindlicher Vorfälle. https://www.mut-gegen-rechte-gewalt.de/service/chronik-vorfaelle (Zugriff am 25.07.2016).

‚Wurzeln woanders‘

Konstruktionen der ‚Anderen‘ als Neophyten

> Ich bin kein Baum, ich brauche keine Wurzeln. In diesem übertragenen Sinne, dass die Kindheit Wurzel ist: ja. Aber das ist nicht dasselbe wie ein Boden. Ich habe Füße, keine Wurzeln, ich kann gehen. Sogar Auto fahren.[1]

So antwortete die Holocaustüberlebende Ruth Klüger in der *taz* vom 3./4. November 2012 auf die Frage nach ‚Heimat‘ als ‚Boden‘ für eine ‚Verwurzelung'. Klügers Zurückweisung der Wurzelmetapher steht konträr zu deren aktueller Hochkonjunktur.
Ein besonders beredtes Beispiel für diese Hochkonjunktur lieferte die *FR* Anfang 2011. Sie bezeichnete den Fußballtrainer Felix Magath als Aschaffenburger „mit puertoricanischen Wurzeln".[2] Magath wuchs in den 1950er Jahren als Sohn einer alleinerziehenden Mutter auf. Sie stammte aus Ostpreußen. Seinen Vater, einen US-Soldaten aus Puerto Rico, lernte er erst mit 15 Jahren (zunächst nur brieflich) kennen, Puerto Rico erst als Erwachsener.[3] Trotzdem soll laut *FR* sein Ursprung in Puerto Rico liegen.
Im Reden und Schreiben über Wurzeln manifestiert sich die soziale Konstruktion des Fremdseins, des Andersseins – bei gleichzeitiger Naturalisierung dieser sozialen Konstruktion.

1 Felix Zimmermann: „Ich habe Füße, keine Wurzeln". Überleben: Die Literaturwissenschaftlerin Ruth Klüger kam als Kind ins KZ. Ein Gespräch über rettende Verse. In: *taz*, 03./04.11.2012, S. 26–27, hier S. 27.

2 Jan Christian Müller: Ware Fußballprofi. Die Methode Magath. In: *FR*, 03.02.2011. http://www.fr-online.de/sport/ware-fussballprofi-die-methode-magath,1472784,7148752.html (Zugriff am 24.07.2016).

3 So ist es der *taz* zu entnehmen. Oliver Trust: Der Meisterdiener. In: *taz*, 02.05.2005. http://www.taz.de/1/archiv/?dig=2005/05/02/a0257 (Zugriff am 24.07.2016).

Wurzeln sind organisch. Das ist der Kern der Metapher: die Behauptung einer organischen Verbindungen mit dem Fremden, einer Verbindung, die sich nicht trennen lässt.
Es ist also der – abwesende – Vater, so will es die Formulierung im *FR*-Artikel, der Magath mit ‚Wurzeln' ausstattet. Und damit auch mit einer anderen Kultur. Denn darauf läuft die Metapher hinaus. Das erscheint zudem patriarchal grundiert, denn die ‚ostpreußischen Wurzeln' der Mutter, die ja schließlich ebenso herangezogen werden könnten, spielen keine Rolle. Die Wurzelbezeichnung zielt vermutlich auch auf Magaths relativ dunkle Hautfarbe ab. Das liefe auf eine ‚Modernisierung' des älteren Biologismus hinaus – darin würde es heißen: ‚In seinen Adern fließt puertoricanisches Blut', auch wenn das in einem linksliberalen Blatt wie der *FR* wohl nicht bewusst intendiert sein dürfte.
Die *gewollte* argumentative Folie dürfte eine andere sein. Die Jugend des heute prominenten Felix Magath in einer unterfränkischen Provinzstadt im Nachkriegsdeutschland, mit einer ‚heimatvertriebenen' Mutter und ohne Vater, klingt allzu gewöhnlich. Kommt aber mit Puerto Rico eine gewisse ‚Exotik' ins Spiel, wird es gleich interessanter. Magaths ‚Wurzeln in...' stehen dann für ein bestimmtes Verständnis von Hybridität in der gegenwärtigen Gesellschaft. Darüber wird noch zu reden sein.
Zwar werden die Metaphern etwa der *roots* oder *racines* auch im Englischen oder Französischen verwendet. Auch die UNESCO benutzte anlässlich ihres Internationalen Tags der Muttersprache 2010 die Wurzelmetapher, um die kulturelle Identität durch Sprache plausibel zu machen. So zeigte das Kampagnenplakat einen offenen Mund, der, verbunden durch einen kurzen Stamm, mannigfaltig in der Erde wurzelt. Ich werde in meinen Überlegungen wegen einer Besonderheit aber hauptsächlich auf den deutschsprachigen Gebrauch eingehen. So gilt im deutschen (wie auch im österreichischen und schweizerischen) Staatsbürgerschaftsrecht noch immer grundsätzlich das ‚Recht des Blutes' (*ius sanguinis*), wonach Kinder die Staatsbürgerschaft der Eltern erhalten, nicht die ihres Geburtslandes

Abb. 1: Die Wurzelmetapher erzeugt kulturelle Identitäten.

Deutschland. Seit dem 1. Januar 2000 ist aber das ‚Geburtsortsprinzip' anwendbar, wenn sich zumindest ein Elternteil seit acht Jahren ‚rechtmäßig' im Land aufhält. Und im Gegensatz zu Großbritannien, den USA oder Frankreich galt hier noch vor recht wenigen Jahren die hegemoniale Fiktion ‚Deutschland ist kein Einwanderungsland'.

Geht es um Migration, gleicht der deutschsprachige Diskurs der letzten Jahre einer sich ausdehnenden Landschaft mit erhöhter Stolpergefahr. Überall sind ‚Wurzeln': Afrikanische, ausländische, französische, islamische, türkische... Die Medien – und nicht zuletzt die (links-)liberalen – sind voll davon. Gedacht womöglich auch als besserer Ersatz für den ‚Migrationshintergrund', macht hier ein unreflektierter Essentialismus Karriere. Wurzeln – essentielle Bestandteile von Pflanzen – werden zu essentiellen Bestandteilen von Menschen. Menschen als wurzelnde Pflanzen: Wer ‚wurzelt', steckt fest, ist und bleibt verwachsen mit seinem/ihrem ‚kulturellen Herkunftsraum'. Gerade die Konstruktion des Pflanzlichen betont eine letztliche Unverrückbarkeit. Und dies paradoxerweise bei Menschen, deren ‚Migrationshintergrund' zugleich ihre Mobilität betonen soll. Die Wurzelmetapher behauptet, dass fremde – womöglich unveränderliche – Eigenschaften mitgebracht werden. Zudem: Wer von ‚Wurzeln' redet, imaginiert letztlich Gesellschaften als Ökosysteme; Systeme also, die aus der Balance gebracht werden können, etwa indem dort fremde Arten eingebracht werden oder sich in irgendeiner Weise selbst ansiedeln und unkontrolliert ausbreiten.

Urbane Räume als Ökosysteme zu begreifen, wird innerhalb der klassischen Stadtsoziologie in der ersten Hälfte des 20. Jahrhunderts zum Paradigma, geprägt durch die Chicago School in ihrem erstmals 1925 und 1967 in vierter Auflage erschienenen zentralen Werk *The City*. Darin findet sich Roderick D. McKenzies programmatischer Aufsatz zum ‚ökologischen Ansatz'.[4] Tim Cresswell hat diese auch politisch überaus einflussreiche Leitmetapher der *city as ecosystem* analysiert und gezeigt, wie unerwünschte Menschengruppen innerhalb derart imaginierter Räume zu gefährlichen und gefährdenden ‚Pflanzenpopulationen' (etwa zum ‚Unkraut') werden können.[5] Zu fragen wäre – und ich werde mich dieser Frage am Ende des Buchs

4 Roderick D. McKenzie: The Ecological Approach to the Study of the Human Community. In: Ders. / Robert E. Park / Ernest W. Burgess (Hrsg.): *The City* [1925]. Chicago / London: University of Chicago Press 1967, S. 63–79.

5 Tim Cresswell: Weeds, Plagues and Bodily Secretions. A Geographical Interpretation of Metaphors of Displacement. In: *Annals of the Association of American Geographers* 87 (1997), S. 330–345.

ausführlich widmen –, wie groß der Einfluss dieser Leitmetapher noch immer ist, auch in aktuellen deutschen Diskursen der ‚überfremdeten' Stadträume. Denn, soviel sei hier vorweggenommen, auch wenn aktuell mit ‚Wurzeln in...' durchaus gesellschaftliche Vielfalt ausgedrückt werden soll, und ebenso die postfordistische Indienstnahme der Vielfalt unter der Marktmaxime des Andersseins: Bei der Markierung als Fremde_r besteht nach wie vor die Disposition zur Exklusion – und damit zur Ausrufung der Überfremdungsgefahr.

‚Wurzeln' und ‚Ökosysteme': Bei der Naturalisierung des Sozialen durch das konstruierte Pflanzliche kommt noch eine weitere Dimension hinzu: die der Zirkelschlüsse. Denn die Konstruktionen von ‚Fremden' in der Gesellschaft via Wurzelmetapher korrespondieren augenfällig mit verbreiteten Auffassungen über ‚eingewanderte' Pflanzen – Neophyten – in ‚heimischen' Ökosystemen. Auch Pflanzen (oder Tiere, die Neozoen genannt werden) ‚mit Migrationshintergrund' tauchen publizistisch in den letzten Jahren in unzähligen Beispielen auf.

Die Metaphern spiegeln sich: Menschen mit Wurzeln auf der einen, Pflanzen als invasive oder unproblematische Einwander_innen auf der anderen Seite: In diesem ersten Teil des Buchs beschäftige ich mich mit Konstruktionen des ‚Fremden', die sich wechselseitig plausibilisieren. Dass die hier zu verhandelnden ‚Wurzeln' kulturelle sein sollen, stellt keinen Widerspruch zur Naturalisierung dar. Erstens wird ‚Kultur' als essentialistischer Begriff verwendet und ersetzt so ältere Biologismen, und zweitens dienen hier Kulturlandschaften und ihre Ökosysteme als argumentative Folie.

Zuschreibungen von ‚Wurzeln' gehören zur Praxis des Othering. Der Begriff wurde innerhalb der postkolonialen Theorie geprägt. Er bezeichnet die hegemoniale Konstruktion von ‚Anderen', die Herstellung von Anderssein bzw. Fremdheit zur Selbstversicherung der eigenen Identität durch die Mehrheitsgesellschaft. Aktuell zeigen sich im Reden über ‚Wurzeln' widersprüchliche Formen des Othering: Einerseits entstammen derartige Konstruktionen, nicht zuletzt im deutschsprachigen Diskurs, völkischen Denkmustern des späten 19. und frühen 20. Jahrhunderts. Diese werden in den Argumentationen der Neuen Rechten der letzten Jahrzehnte weitergeführt, aber auch unter dem Label ‚Ethnopluralismus' neu konzipiert. Dazu werden der poststrukturalistische Differenzbegriff sowie die Identitätspolitiken ‚ethnischer' Minderheiten entwendet und im Dienst einer ‚ethnischen' Mehrheit verkehrt, also gegen die Minderheit gewendet.[6]

Wer in welcher Position Identitätspolitik betreibt, bedeutet also einen Unterschied ums Ganze. ‚Ethnische' Minderheiten greifen auf etwas zurück, das Gayatri Chakravorty Spivak als *strategischen Essentialismus* im Kampf um Anerkennung beschrieben hat, als gegen-hegemonialen Versuch im Sinne Antonio Gramscis.[7] So können ‚Wurzeln' – etwa im afroamerikanischen *roots*-Begriff – zwar der Selbstermächtigung marginalisierter Gruppen dienen. Zugleich aber ist auch hier der Essentialismus keineswegs nur strategisch gemeint, sondern ebenso häufig emotional verankert. Hier wird Identität ebenfalls als authentisch und natürlich wahrgenommen. Auch Identitätspolitiken von Minderheiten können also durchaus problematisch sein – vor allem dann, wenn „sie sich in die ‚Strategie der Mächtigen' einfüg[en]“[8], etwa bei den Konstruktionen von ‚Wir' und ‚die Anderen'.

‚Wurzeln' finden sich als Vielheiten zugleich in Konzepten, die ausdrücklich keine „‚verlorene' kulturelle Reinheit [...] wieder entdecken“ wollen, sondern „Kulturen der Hybridität“ reflektieren.[9] Hybridität – popularisiert vor allem durch den postkolonialen Theoretiker Homi K. Bhabha – erscheint als kultureller Zwischenraum ohne eindeutige Grenzen und Zuordnungen, als ‚widerständige Kulturform' gar – und ist doch immer wieder auch längst Bestandteil des Mainstream.

6 Vgl. Mark Terkessidis: *Kulturkampf. Volk, Nation, der Westen und die Neue Rechte*. Köln: Kiepenheuer & Witsch 1995, S. 49, 66–67.

7 Vgl. Agathe Bienfait: *Im Gehäuse der Zugehörigkeit. Eine kritische Bestandsaufnahme des Mainstream-Multikulturalismus*. Wiesbaden: VS 2006, S. 124.

8 Ebd., S. 134–135.

9 Stuart Hall: *Rassismus und kulturelle Identität. Ausgewählte Schriften 2*, aus d. Engl. v. Ulrich Mehlem Hamburg: Argument 1994, S. 218.

Im postfordistischen Kapitalismus, zu dessen Kennzeichen eine Kulturalisierung der Ökonomie sowie Adaptionen und Transformationen (ehemals) oppositioneller Diskurse und Praktiken zählen, und in dem allerlei Arten des Andersseins der Marktlogik unterliegen, wird das ‚Fremde' zum Bestandteil einer „Differenzkonsummaschine"[10].

Der theoretische Rahmen, in dem ich mich bewege, ist damit zum Teil schon angedeutet. Ich reflektiere postkoloniale Theorien des Othering und des Hybriden und führe diese zusammen mit kritischen Gouvernementalitätsstudien im Anschluss an Michel Foucault, um die aktuelle ‚Karriere des Andersseins' als Modus der Selbststeuerung und marktkonformen Selbstoptimierung zu betrachten. Um die skizzierten Konstruktionen von Anderssein in ihrer Widersprüchlichkeit erfassen zu können, greife ich darüber hinaus auf verschiedene, aber einander ergänzende Theorien zurück. Mit der Kritischen Theorie fasse ich Naturverhältnisse als gesellschaftliche auf.[11] Wesentlich sind zudem bestimmte Metaphern- und Performanztheorien, um noch einmal genauer zu beleuchten, wie mittels der Wurzelmetapher Naturalisierungen sozialer Konstruktionen von Identitäten und Fremdheit vonstattengehen, wie Identitäten und Fremdheit *performativ erzeugt* werden.[12] Dass die Wurzelmetapher in ihrer alltäglichen Selbstverständlichkeit vielmehr ein Gemeinplatz ist, macht sie, so wird sich hierbei zeigen, besonders wirkmächtig.

10 Mark Terkessidis: Globale Kultur in Deutschland. Der lange Abschied von der Fremdheit. In: Andreas Hepp / Rainer Winter (Hrsg.): *Kultur – Medien – Macht. Cultural Studies und Medienanalyse.* Wiesbaden: VS 2006, S. 311–325, hier S. 315.

11 Vgl. Christoph Görg: *Regulation der Naturverhältnisse. Zu einer kritischen Theorie der ökologischen Krise.* Münster: Westfälisches Dampfboot 2003.

12 Vgl. Susanne Lüdemann: *Metaphern der Gesellschaft. Studien zum soziologischen und politischen Imaginären.* München: Fink 2004; Judith Butler: *Das Unbehagen der Geschlechter* [1990]. Frankfurt am Main: Suhrkamp 1991; dies.: *Körper von Gewicht. Die diskursiven Grenzen des Geschlechts* [1993]. Berlin: Berlin Verlag 1995; Erika Fischer-Lichte: *Ästhetik des Perfomativen.* Frankfurt am Main: Suhrkamp 2004.

Die performative Wirkmächtigkeit solcher naturalisierender Gemeinplätze erhöht sich beträchtlich, wenn sie sich – wie schon angesprochen – in anderen Metaphern spiegeln können, oder, anders ausgedrückt: wenn sie Bestandteile von Zirkelschlüssen sind, die immer wieder naturwissenschaftlich untermauert und zugleich medial popularisiert werden. Darum wird es im Folgenden gehen.

1. Kulturalisierung der Natur und vice versa: Die gesellschaftlichen Naturbeziehungen und das Fremde

Der Begriff der gesellschaftlichen Naturbeziehungen wird in der neueren Kritischen Theorie vor allem durch Christoph Görg geprägt, stellt aber zugleich einen Rückgriff „auf die sog. ältere kritische Theorie“[13] vor allem Theodor W. Adornos und Max Horkheimers dar. Neben der *Dialektik der Aufklärung* ist Adornos *Negative Dialektik* zentral für Görgs Argumentation einer notwendigen dialektischen Vermittlung, denn:

> Was Natur und Gesellschaft jeweils sind, das ergibt sich mit Verweis auf ihr Gegenteil. Dies zeigt, wie sehr beide miteinander auch wechselseitig identifiziert werden, Gesellschaft als das Andere der Natur, Natur als das Andere der Gesellschaft angesehen wird.[14]

Diese Wahrnehmungen unterliegen historischen Prozessen. Innerhalb dieser Prozesse aber scheinen wechselseitige Identifizierungen von Gesellschaft und Natur einer *longue durée* zu folgen. Schon die frühe Kritische Theorie thematisiert die Naturalisierung von Gesellschaft. So schreibt Franz Borkenau:

> In Wahrheit wird das Naturbild der gesellschaftlich bedingten Auffassung des Menschen nachgebildet und diese letztere dann, im Zirkel, wiederum aus dem Naturbild erschlossen.[15]

13 Görg: *Regulation*, S. 14.

14 Ebd., S. 52–53.

15 Franz Borkenau: *Der Übergang vom feudalen zum bürgerlichen Weltbild. Studien zur Geschichte der Philosophie der Manufakturperiode.* Paris: Alcan 1934, S. 304.

Ein solch „naive[r] Naturalismus", so Jutta Weber, existiert aber auch weiter im aktuellen „Zeitalter der Technoscience" mit seinen Naturkonzepten von Dynamik und Emergenz.[16] Natur bleibt eine enorm „wichtige und heiß umkämpfte Ressource mit legitimatorischen Funktionen im Rahmen der rhetorischen Praktiken in Wissenschaft, Medien und Gesellschaft".[17] Darüber täuschen auch „neuere Varianten eines Kulturalismus"[18] nicht hinweg, die ihrerseits denen des Biologismus stark ähneln. Das gilt zumal dann, wenn bei der Naturalisierung von Gesellschaft Natur als Bestandteil einer Kulturlandschaft gedacht wird und dementsprechend nicht mehr das ‚Blut', sondern die ‚kulturellen Wurzeln' als Determinanten herhalten. Vergleichbar konstatiert Uta Eser – hier mit Blick auf die wissenschaftliche Naturschutzdebatte um „fremde Arten" –, „dass im und in naturwissenschaftlichen Arbeiten spezifische Naturbilder *erzeugt* werden und dass die daraus hervorgehenden naturwissenschaftlichen Theorien ‚Konstruktionen gesellschaftlicher Selbstlegitimation' sind".[19] An Begriffen wie Pflanzensoziologie und Pflanzengesellschaften wird dieser Zusammenhang kenntlich.

Besonders deutlich wird die von Weber angesprochene Naivität des Naturalismus, wenn es um Pflanzenformationen geht. Das fest Gefügte – die Immobilität von Biotopen und die dadurch oft bedingte mangelnde Anpassungsfähigkeit – müsste eigentlich Zirkelschlüssen auf menschliche Gesellschaften mit ihrer Mobilität und ihren Anpassungsfähigkeiten widersprechen. Andererseits ist die diskursive Verbindung von Pflanzen und

16 Jutta Weber: *Umkämpfte Bedeutungen. Naturkonzepte im Zeitalter der Technoscience.* Frankfurt am Main / New York: Campus 2003, S. 235.

17 Ebd.

18 Ebd., S. 236.

19 Uta Eser: Projektionsfeld fremde Arten. Soziale Konstruktionen des Fremden in ökologischen Theorien. In: Ludwig Fischer (Hrsg.): *Projektionsfläche Natur. Zum Zusammenhang von Naturbildern und gesellschaftlichen Verhältnissen.* Hamburg: Hamburg UP 2004, S. 165–192, hier S. 166. Das Binnenzitat stammt von Ulrich Eisel.

Kultur besonders hoch. Kultur als Ordnung von Natur manifestiert sich in den Züchtungen neuer Nutz-Arten und in den Transformationen von Natur in landwirtschaftliche Flächen, geregelte Forsten, Gärten und Parks. Und gerade mit Pflanzenformationen lässt sich die Beherrschung und Ordnung von Natur räumlich-architektonisch repräsentieren. Zugleich entwickeln die tatkräftig geordneten Pflanzen stets einen gewissen Eigensinn, der diese Ordnungen immer wieder gefährdet, etwa durch ‚Wildwuchs', den es zu beschneiden, zu regulieren, zu kanalisieren gilt.

Mit Pflanzen, so Benjamin Bühler und Stefan Rieger, komme im

> doppelten Bezug auf den Menschen als Lebewesen und auf die von ihm geprägte Ordnung der Natur [...] zwangsläufig auch der Aspekt des Kulturellen ins Spiel. [...] Die Geschichte der Pflanzen bewegt sich auf einem Diskursfeld, in dem die rational-ökonomische Ordnung des Raums ein zentrales Bestreben ist –[20]

wissenschaftlich, wirtschaftlich, politisch –, auf dem aber auch immer wieder die Bedrohung dieser Ordnung verhandelt wird. Das „über Pflanzen erzeugte Wissen"[21] ist seit Langem auch ein kulturindustrielles. Die pflanzliche Fähigkeit, „aggressiv andere Lebensräume zu erobern", wurde etwa zum Thema in Science-Fiction-Filmen wie *Body Snatchers* mit ihrer „naturalisierten historischen Semantik" des Kalten Krieges, in der das böse Fremde in pflanzlicher Gestalt die „Annexion der Menschen" betreibt, deren dafür erzeugte Doppelgänger_innen in Samenkapseln heranreifen.[22]

Aktuell behandelt wird das bioinvasive Potential der Pflanzen vor allem in der ökologischen Neophyten-Debatte und ihrer

20 Benjamin Bühler / Stefan Rieger: *Das Wuchern der Pflanzen. Ein Floregium des Wissens*. Frankfurt am Main: Suhrkamp 2009, S. 11–12.

21 Ebd., S. 11.

22 Stefan Rieger: Die Pflanzen der Abwehr – die Abwehr der Pflanzen. In: Claus Pias (Hrsg.): *Abwehr. Modelle – Strategien – Medien*. Bielefeld: Transcript 2009, S. 53–69, hier S. 58–59. Vgl. *Body Snatchers* (*Body Snatchers – Angriff der Körperfresser*, USA 1993, R: Abel Ferrara).

kulturindustriellen Aufbereitung, die medial immer wieder den „Migrationshintergrund“[23] von Pflanzen und Tieren betont, so etwa 2010 im *Robin Wood Magazin* oder Ende 2012 in der *taz*, die die Probanden in „Vorzeige-Zuwanderer“[24] (wie die asiatische Kermesbeere, die sich ohne negative Folgen einpasse) und „Integrationsverweigerer“[25] unterteilt. Die NABU-Fachgruppe Botanik spricht in ihrem Jahresbericht 2012 von „Neubürger[n]“[26], als handele es sich um eine menschliche Gesellschaft, und unterteilt diese in „invasive Einwanderer“[27] und „unproblematische Neubürger“[28]. Als invasiver Integrationsverweigerer gilt etwa der aus dem Kaukasus stammende Riesen-Bärenklau. Dessen starke Verbreitung verdränge nicht nur die heimische Flora, er sei auch für Menschen gefährlich, da er bei Hautkontakt Verätzungen hervorrufen könne.[29] Einen ähnlich schlechten Ruf genießt die aus Nordamerika ‚eingewanderte‘ Beifußambrosie. Sie soll bei Menschen schwere allergische Reaktionen der Atemwege hervorrufen können. Daher forderten Wissenschaftler_innen des LOEWE-Forschungszentrums für Biodiversität und Klima der Goethe-Universität in Frankfurt am Main Anfang 2014 „eine konzentrierte nationale Bekämpfungsstrategie, wie sie zum Beispiel in der Schweiz existiert“[30]. Eine EU-weite Strategie zum Umgang mit „invasive[n]

23 Christian Offer: Pflanzen mit Migrationshintergrund. Eingewanderte Pflanzenarten können die biologische Vielfalt gefährden. In: *Robin Wood Magazin* 107, 4 (2010), S. 10; Cédric Koch / Franziska Schultess: Fauna mit Migrationshintergrund. Naturschutz: Die meisten neuen Tier- und Pflanzenarten sind harmlos. Doch manche gefährden das heimische Ökosystem. In: *taz*, 11.12.2012, S. 4

24 Ebd.

25 Ebd.

26 Christoph Buhr / NABU-Fachgruppe Botanik: Immer Ärger mit den Neophyten? Jahresbericht 2012 der Botaniker. http://www.nabu-potsdam.de/unsere-fachgruppen/botanik/ (Zugriff am 26.07.2016).

27 Ebd.

28 Ebd.

29 Vgl. ebd.

30 Zit. n. Pamela Dörhöfer: Robust, vital und hochallergen. Die Beifußambrosie ist in Europa auf dem Vormarsch / Wissenschaftler warnen. In: *FR*, 10.03.2014, S. 28.

gebietsfremde[n] Arten von unionsweiter Bedeutung"[31] wurde im Oktober 2014 vom Europäischen Parlament und vom Rat der EU per Verordnung in die Wege geleitet. Danach sollte die EU-Kommission eine Liste solcher Arten erstellen und bis zum 2. Januar 2016 vorlegen, um ein „zentralisiertes Informationssystem"[32] zu schaffen. Ziel sei eine „Populationskontrolle"[33]. Das bedeutet genauer: den Einsatz „alle[r] tödlichen und nicht tödlichen Maßnahmen" zur Eindämmung unerwünschter „gebietsfremder" Arten.[34] Veröffentlicht wurde die Liste mit zunächst 37 Tier- und Pflanzenarten am 14. Juli 2016.[35]
Grundsätzlich sind ‚Neubürger' im Naturschutzdiskurs offenbar nie wirklich erwünscht. Von Botaniker_innen werden sie laut *FAZ* mitunter „die ungewollten Gäste"[36] genannt. Sie werden bestenfalls geduldet, wenn sie als ungefährlich für Menschen und unschädlich für die Pflanzen- oder Tiergesellschaft gelten, oder sie müssen als Schädlinge möglichst bekämpft werden, wenn sie sich unkontrolliert verbreiten und angestammte Arten verdrängen. Solche Bedrohungsszenarien kennzeichnen häufig auch die Wortwahl. „Vorsicht Fremde!"[37] titelte die *Zeit* am 10. Juni 2009. Berichtet wurde

31 Verordnung (EU) Nr. 1143/2014 des Europäischen Parlaments und des Rates vom 22. Oktober 2014 über die Prävention und das Management der Einbringung und Ausbringung invasiver gebietsfremder Arten. In: *Amtsblatt der Europäischen Union* L 317, 04.11.2014, S. 35–55, hier S. 42.

32 Ebd., S. 39.

33 Ebd., S. 42.

34 Ebd.

35 Durchführungsverordnung (EU) 2016/1141 der Kommission vom 13. Juli 2016 zur Annahme einer Liste invasiver gebietsfremder Arten von unionsweiter Bedeutung gemäß der Verordnung (EU) Nr. 1143/2014 des Parlaments und des Rates. In: *Amtsblatt der Europäischen Union* L 189, 14.07.2016, S. 4–8.

36 Mechthild Harting: Einwanderer in grüne Welten. Es grünt und blüht – doch längst nicht alles sind einheimische Gewächse. Exoten wurden über die Jahrhunderte gepflanzt, aber auch eingeschleppt. In: *FAZ*, 19.04.2011. http://www.faz.net/aktuell/rhein-main/region/gaerten-in-rhein-main-einwanderer-in-gruene-welten-1610033.html (Zugriff am 15.07.2016).

37 Josephina Maier: Vorsicht Fremde! Exotische Tiere und Pflanzen werden in Europa heimisch. Manche sind gefährlich. In: *Zeit*, 10.06.2009, S. 1–4, hier S. 1. http://www.zeit.de/2009/25/N-invasive-Arten (Zugriff am 15.07.2016).

über eine Mitteilung des Umweltforschungszentrums (UFZ) Leipzig-Halle. Das UFZ selbst hatte seinen Bericht mit einer appellativen Überschrift versehen: „Wird sich Europa endlich einigen, um tausende fremder Eindringlinge abzuwehren?“[38] Das klingt nach einem Rechtspopulismus, dem die abgeschotteten EU-Außengrenzen noch immer zu durchlässig sind, nach Parolen, die bei den Aufmärschen der ‚Patriotischen Europäer gegen die Islamisierung des Abendlandes‘ (Pegida) hätten fallen können. Die *Zeit* befand das für „ungeschickt formuliert“, da es hier ja gar nicht um „ausländerfeindliche Hetze“ gegangen sei gegen „Menschen aus Afrika oder aus Asien – sondern um Tiere und Pflanzen mit Migrationshintergrund“.[39] Und da sei allerdings klar: „Manche sind gefährlich.“[40]

Migrationshintergrund, Neubürger, Integrationsverweigerer: Solche Analogisierungen von Gesellschaft und Flora bzw. Fauna erscheinen – auch in sich als sozial fortschrittlich verstehenden Kreisen – unverzichtbar. Dass hierbei, wie ungewollt auch immer, rassistische Stereotype bedient und Diskurse der Marginalisierung naturalisierend legitimiert werden können, bleibt offenbar unreflektiert. Die ‚augenzwinkernde‘ rhetorische Figur, die Interesse wecken soll, scheint hier Vorrang zu haben.

Allerdings haben derartige Typisierungen, ganz ohne Augenzwinkern, eine Tradition. Uta Eser hat gezeigt, dass in der (wissenschaftlichen) Ökologie „als problematisch empfundene Neophyten“[41] nach wie vor mit Begriffen sozialer und rassistischer Stereotypisierungen belegt werden: Als „Massen“, die heimische Vegetation verdrängen, als „unkultiviert“, als „‚anspruchslos‘, ‚triebhaft‘, ‚nicht seßhaft‘, ‚rücksichtslos‘ und ‚kaum kontrollierbar‘“. Als positiver Bezugspunkt dient dabei eine „sittlich aufgeladene“ ‚heimische‘ Natur. Nega-

38 Zit. n. ebd.

39 Ebd.

40 Ebd.

41 Uta Eser: *Der Naturschutz und das Fremde. Ökologische und normative Grundlagen der Umweltethik*. Frankfurt am Main / New York: Campus 1999, S. 156. Alle weiteren wörtlichen Zitate in diesem Absatz ebd.

tiv gekennzeichnete Neophyten hingegen repräsentieren unkultivierte Eigenschaften. Und: „Aus der Perspektive eines Naturschutzes, der Kulturlandschaft und damit Kultur schützen will, sind Neophyten nicht etwa unnatürlich, sondern zu unkultiviert." Dass Naturschutz in Mitteleuropa mit seiner sehr stark menschlich beeinflussten Flora Kulturlandschaftsschutz ist, liegt auf der Hand. Dies schon, weil es hier nur relativ wenige endemische Arten gibt, also solche, die exklusiv nur in einer Region vorkommen und daher besonders von Verdrängung und Aussterben bedroht sind.[42]

Zugespitzt gesagt, geht es in der Neophytendiskussion um den Schutz ‚heimischer' Kultur vor ‚Überfremdung', zumindest immer dann, wenn exkludierende soziale Kategorien ins Spiel kommen. Das zeigt sich auch bei der Popularisierung des Themas in den Massenmedien, die als Ausdruck eines wachsenden ökologischen Bewusstseins in jüngerer Zeit einsetzt. Wenn etwa die Zeitschrift *natur* 1991 titelt „Die grünen Besatzer. Ausländer auf Erfolgskurs: Fremde Pflanzen überwuchern deutsche Kräuter: Experten setzen auf die Integrationskraft der heimischen Flora"[43], dann drängt sich nicht nur zeitlich, sondern auch bezüglich der Schlagworte der Zusammenhang zu der damals von Pogromen und der faktischen Abschaffung des Asylrechts 1993 umrahmten ‚Überfremdungs'-Debatte in Deutschland auf.

Die Hartnäckigkeit, mit der soziale und rassistische Stereotype und ebenso Abwehr- und Vernichtungsrhetoriken im ökologischen Diskurs kursieren, ist bemerkenswert. Sie ist umso bemerkenswerter, weil bereits in den 1980er und 90er Jahren eine ganze Reihe von Studien veröffentlicht wurde, in denen ein derartiger ökologischer Nationalismus kritisiert wurde.[44] Der Zoologe Josef H. Reichholf sprach in diesem

42 Vgl. Eser: *Naturschutz*, S. 16–17.

43 Zit. n. ebd., S. 247.

44 Vgl. ebd., S. 18–19.

Kontext von „konservativ-anthroponationalistisch denkenden Naturschützern"[45].

Während nun die genannte EU-Verordnung den ganz biopolitisch anmutenden Begriff der „Populationskontrolle" bemüht (darunter aber auch tödliche Maßnahmen subsumiert),[46] mahnt etwa das UFZ einen europaweiten Abwehrkampf gegen die Massen „fremder Eindringlinge"[47] an. Ganz ähnlich wird der Zoologe und Buchautor Bernhard Kegel im Mai 2014 in der *taz* mit einem Bekenntnis zur „hässliche[n] Notwendigkeit" einer „Ausrottung von Exoten"[48] zitiert.

Ich möchte gar nicht bezweifeln, dass neu eingebrachte Arten die menschliche Gesundheit beeinträchtigen oder bereits vorhandene Tier- und Pflanzenarten schädigen und verdrängen können. Was aber auffällt: In den einschlägigen Diskursen ist das eigentliche Kriterium für die immer wieder angemahnte Vernichtung von Neophyten deren *Fremdheit*. Denn für ‚heimische' gefährliche Arten gilt hier die Notwendigkeit der Bekämpfung nicht. Oft werden diese als vom Aussterben gefährdeten Spezies –zurecht – streng geschützt, wie der Seidelbast. Das Ganze lässt sich aus einer anderen Perspektive betrachten. Wenn etwa der Riesen-Bärenklau so gefährlich für Menschen ist, müsste er dann nicht eigentlich auch im Kaukasus bekämpft oder gar ‚ausgerottet' werden? Oder trifft das eben deshalb nicht zu, weil die Pflanze dort ‚heimisch' ist?

Diese Vermutung lässt sich bestätigen. So sagt Wolfgang Nentwig, Professor für Ökologie an der Universität Bern und

45 Zit. n. Multikulti im Tierreich. Immer mehr fremde Arten siedeln sich in Europa an. Artenschützer sorgen sich um Erhalt und Reinheit der heimischen Fauna. In: *Spiegel*, 02.02.1998, S. 196–197, hier S. 197.

46 Zugleich ist hier marktkonform von „Ökosystemdienstleistungen" die Rede. Gemeint sind „die direkten und indirekten Beiträge von Ökosystemen zum Wohle des Menschen". (Verordnung (EU) Nr. 1143/2014, S. 41.)

47 Zit. n. Maier: Vorsicht Fremde!, S. 1.

48 Helmut Höge: Gefährliche Exoten. Bio-Invasion: Verwilderte Haustiere und Zierpflanzen verdrängen die einheimische Flora und Fauna. Ist das ein Grund, sie auszurotten? In: *taz*, 07.05.2014, S. 13.

Herausgeber des Bandes *Unheimliche Eroberer. Invasive Pflanzen und Tiere in Europa*[49]:

> Viele stören sich, wenn wir von invasiven Arten reden, daran, dass hier Arten in gut und böse unterteilt werden. Und in einer wertneutralen Betrachtung unserer Welt darf man das natürlich nicht. Global betrachtet ist das richtig. Diese Art ist ja an anderer Stelle in einem anderen Kontinent einheimisch. Dort soll man sie schützen – und hier bekämpfen.[50]

Das Zitat stammt aus der 2014 für den NDR und arte produzierten Fernsehdokumentation *Invasion der Pflanzen. Gefahr für Mensch und Umwelt?* Die gesamte Sendung ist ein gutes Beispiel für einen ökologischen Diskurs, der Fremdheit als Bedrohung inszeniert. Wie es in den letzten Jahren Mode ist, arbeitet diese ‚Doku' stark mit Musik. Sie ist bedrohlich, wenn die „invasiven Arten"[51] gezeigt werden, düster-entschlossen, wenn sie bekämpft werden („Mit großem Gerät geht es wieder einmal gegen den Eindringling", sagt die Sprecherin aus dem Off an einer Stelle dazu) und sie markiert die ‚Fremdheit' auch kulturell, so etwa wenn die Herkunft des Drüsigen Springkrauts aus Indien mit Sitarklängen unterstrichen wird. Martialisch ist von „grüne[r] Invasion" die Rede, vom „Kampf" der „einheimische[n] Natur [...] um den Lebensraum" und von ihren Niederlagen gegen die „Eindringlinge": „Hier ist es vorbei", sagt ein Förster im Harz angesichts eines größeren Areals mit japanischem Staudenknöterich, und meint das Leben „einheimischer Pflanzen". Denen nehme das lichtundurchlässige Blattwerk des Staudenknöterichs jedes Licht.[52] Dass solche, die pflanzliche Vielfalt unterdrückende Lichtverhältnisse seit dem ausgehenden

49 Wolfgang Nentwig (Hrsg.): *Unheimliche Eroberer. Invasive Pflanzen und Tiere in Europa*. Bern / Stuttgart / Wien: Haupt 2011. Nentwig stellt hierin übrigens einen direkten Bezug zur menschlichen Migration in die EU her. Ich gehe auf S. 94–95 dieses Buchs darauf ein.

50 *Invasion der Pflanzen. Gefahr für Mensch und Umwelt?* (D/F 2014, R: Ingo Thöne).

51 Alle wörtlichen Zitate in diesem Absatz ebd.

52 Vgl. ebd.

Abb. 2: ‚Aggressiver Integrationsverweigerer', hier recht vereinzelt: Japanischer Staudenknöterich, Freiburg i. Br., Mai 2016.

18. Jahrhundert vor allem in Deutschland (‚Deutscher Wald') zum festen Programm des geregelten Forsts – im 19. Jahrhundert auch ‚Holzzucht' genannt – gehört, wobei vor allem großflächig auf Fichtenmonokultur gesetzt wurde und wird,[53] bleibt unerwähnt. Es geht ja um ‚invasive Eindringlinge', und Fichten sind ‚einheimisch'.

Immerhin taucht an einer Stelle in *Invasion der Pflanzen* eine Figur auf, die vor einem „Pflanzenrassismus"[54] warnt: „Man muss aufpassen, dass man nicht fremdenfeindlich wird. Die Situation ist komplexer."[55] So seien Platanen und Zypressen feste Bestandteile einer „typische[n] Landschaft" z. B. in Südfrankreich, aber eben „eigentlich Zuwanderer", von Menschen

53 Vgl. Marcus Termeer: *Verkörperungen des Waldes. Eine Körper-, Geschlechter- und Herrschaftsgeschichte*. Bielefeld: Transcript 2005, S. 307–412.

54 Zit. n. *Invasion der Pflanzen*.

55 Zit. n. ebd.

nach Europa gebracht.[56] Bezeichnenderweise spricht hier der Besitzer einer der größten Gärtnereien Frankreichs, also jemand, so legt es die Sendung nahe, der mit ‚exotischen' und ‚potentiell invasiven' Pflanzen sein Geld verdient. Dass es auch „[f]ührende Wissenschaftler"[57] wie Josef H. Reichholf gibt, die schon seit Jahren „eine Abkehr von der ‚heimisch-fremd'-Diskussion"[58] fordern, wird in der Sendung nicht thematisiert. Hier kommen ausschließlich Experten wie Nentwig oder die Umweltbiologen Stefan Nehring und Uwe Starfinger zu Wort, die eine „[g]rüne Invasion"[59] beschwören, gegen die der „Kampf [...] gerade erst"[60] beginne.

Wie sehr diese Art des Ökologiediskurses auf die Kategorien ‚Heimischsein' und ‚Fremdsein' fixiert ist, zeigt die Inkonsistenz ihrer Argumentationen. Da geht es stets darum, ‚einheimische' Ökosysteme vor der Zerstörung durch ‚Invasoren' zu schützen. Ebenso wird insistiert, „dass es prinzipiell möglich ist, jede invasive Art auszurotten, sofern der politische Wille"[61] da sei. Als Beweis hierfür wird aber die Zerstörung von Ökosystemen angeführt. So sei „eine tropische Malariamücke [...] auf Sardinien zwischen 1946 und 1951 mittels Trockenlegung von Sümpfen und Insektizidanwendung ausgerottet" worden.

Innerhalb eines solchen Ökologiediskurses unter dem übergeordneten Titel der *Invasionsbiologie* und seiner Konstruktion aggressiver pflanzlicher (und tierischer) Masseneinwanderungen können noch Vorstellungen und Postulate von reinen, puren und unverfälschten Gesellschaften – wenn auch in diesem Fall Pflanzengesellschaften – verbreitet bzw. erhoben werden.

56 Zit. n. *Invasion der Pflanzen.*

57 Josef H. Reichholf: Buchbesprechung: Nentwig, Wolfgang (Hrsg.): Unheimliche Eroberer. Invasive Pflanzen und Tiere in Europa. In: *Mitteilungen der Zoologischen Gesellschaft Braunau* 10,2 (2011), S. 212–213, hier S. 213.

58 Ebd.

59 *Invasion der Pflanzen.*

60 Ebd.

61 Beide Zitate im Absatz Wolfgang Nentwig: Schlussfolgerungen. Kontrolle und Bekämpfung. In: Ders. (Hrsg.): *Unheimliche Eroberer*, S. 229–234, hier S. 230–231.

Solchen Naturschutzpositionen liegt, so Uta Eser, ein konservatives Weltbild zugrunde. „Hier spielen Bodenständigkeit und Anpassung eine entscheidende Rolle für die Wertschätzung von Naturstücken."[62] Es ist aber etwas komplizierter. War Naturschutz seit dem ausgehenden 19. Jahrhundert – abgesehen von linken Vereinigungen wie der Naturfreundejugend – unter dem Signum des ‚Heimatschutzes' weitgehend konservativ, oft sogar völkisch konnotiert, kam es Anfang der 1970er Jahre bekanntlich zu einer Diskursverschiebung. Einen wesentlichen Anstoß dazu gab die Diskussion in der 33. Ausgabe der Zeitschrift *Kursbuch*, die 1973 unter dem Titel *Ökologie und Politik, oder: Die Zukunft der Industrialisierung* erschien. So suchte *Kursbuch*-Mitgründer Hans Magnus Enzensberger nach Möglichkeiten, „das ökologische Problem mit marxistischen Begriffen zu fassen"[63]. Die folgende Geschichte der unbestreitbar progressiv intendierten Umweltbewegung und der bei ihrer Gründung 1979 noch als ‚sonstige politische Vereinigung' firmierenden Grünen eröffnet aber auch die Möglichkeit, die Bekämpfung ‚invasiver Einwanderer' als progressiv erscheinen zu lassen, auch wenn, wie gesehen, immer wieder vom Ausrotten gesprochen wird. Denn schließlich beruft man sich auf den Kampf um „Biodiversität"[64].

Zugleich lässt sich feststellen: Während das Hybride im gegenwärtigen Kapitalismus in widersprüchlicher Weise als grundsätzlich fortschrittlich und positiv gilt – der Begriff oszilliert zwischen gegenkulturellen und subversiven Besetzungen und Indienstnahmen als affirmativem „catch-all-word"[65] –, bleibt dieses Hybride im Naturschutzdiskurs weiterhin negativ konnotiert. Nicht zuletzt vor dem Hintergrund des nach Kien Nghi Ha seit dem 16. Jahrhunderts einsetzenden rassistischen

62 Eser: Projektionsfeld, S. 179.

63 Hans Magnus Enzensberger: Zur Kritik der politischen Ökologie. In: *Kursbuch* 33 (1973), S. 1–42, hier S. 25.

64 Wolfgang Nentwig: Einführung. Von Eroberern und Verlierern. In: Ders. (Hrsg.): *Unheimliche Eroberer*, S. 7–19, hier S. 7.

65 Ha: *Hype*, S. 60.

Kolonialdiskurses steht Hybridisierung bis weit ins 20. Jahrhundert für Bastardisierung, Widernatürlichkeit, Vermischungen des „Ungleichwertigen", für „Kulturverfall", Degeneration und Krise.[66] Dies nicht nur in Bezug auf die menschliche Gesellschaft, sondern auch auf Flora und Fauna. Inzwischen allerdings vermengen sich bei der naturschützerischen Geringschätzung des Hybriden traditionell konservative mit progressiven Implikationen. So warnt Nentwig vor Hybridisierungen bei „auseinanderentwickelten", aber „nah verwandt[en] [...] einheimischen" und „invasiven Art[en]",[67] weil das bei größerer genetischer Nähe zum ‚Eindringling' ein Aussterben der ‚heimischen Art' bewirken könne. Gleichzeitig betont er, eine solche Vermischung sei „unter natürlichen Bedingungen" kaum möglich, weil „auseinanderentwickelte Arten normalerweise räumlich getrennt sind", und komme damit nur „mit menschlicher Hilfe",[68] also künstlich, zustande. Das erinnert einerseits an Johann Gottfried Herders in den 1780er Jahren publizierten *Ideen zur Philosophie der Geschichte der Menschheit* und die darin geäußerte Verurteilung der Vermischung (nicht zuletzt der menschlichen „Rassen"[69]):

> Im wilden Zustande paaret sich kein Tier mit einer fremden Gattung, und wenn die zwingende Kunst der Menschen oder der üppige Müßiggang, an dem die gemästeten Tiere teilnehmen, auch ihren sonst sichern Trieb verwildern, so läßt doch in ihren unwandelbaren Gesetzen die Natur von der üppigen Kunst sich nicht überwinden. Entweder ist die Vermischung ohne Frucht, oder die erzwungene Bastardart pflanzt sich nur unter den nächsten Gattungen weiter.[70]

Andererseits gilt die *industrielle* Hybridzüchtung seit Jahrzehnten als Inbegriff einer tendenziell homogenisierenden und daher die Biodiversität bedrohenden Bio- bzw. Agrartechnologie, die sich längst bis hin zur grünen Gentechnik entwickelt

66 Vgl. Ha: *Hype*, S. 23–28.
67 Nentwig: Einführung, S. 13.
68 Ebd.
69 Zit. n. Ha: *Hype*, S. 27.
70 Zit. n. ebd.

hat.[71] Negativbilder des Hybriden können daher unter Umständen anschlussfähig sein an semantische Felder des Widerstands gegen weltweit von (Monopol-)Konzernen betriebene ‚Grüne Revolutionen' – zumal dann, wenn die industrialisierte Globalisierung auch als Voraussetzung für eine enorm gesteigerte ‚Einwanderung' natürlicher ‚fremder Arten' aus oft fernen Gegenden angesehen wird.[72]

Oben habe ich dargestellt, dass in diesen Diskursen um Schädlichkeit das ‚Fremde' der Arten den Ausschlag gibt. Das ist aber noch nicht alles. Hinzu kommt ein Aspekt, den Zuschreibungen wie ‚Invasion' und ‚Einwanderer' verdeutlichen. Genau genommen geht es hier um Konstruktionen ‚illegaler Einwanderer'. Es geht also um Akte selbsttätiger Bewegung. ‚Fremde Arten' gelten, wenn es sich um ‚exotische' Speise- oder Zierarten handelt, so lange als unproblematisch, wie sie in den ihnen zugewiesenen begrenzten Räumen – Äcker, Gärten, Parks – bleiben (auch der Riesen-Bärenklau wurde ursprünglich als Zierpflanze eingeführt). Das ändert sich, wenn sie diese Räume eigenmächtig verlassen und sich unkontrolliert in die ‚freie Natur' hinein ausbreiten, also klandestin immer neue Räume besetzen.[73] Sie werden dann als ungehindert strömende Massen wahrgenommen, als ‚nichtsesshaft' und daher schwer kontrollierbar. ‚Massen' sind bekanntlich negativ – als ebenfalls unkontrollierbar und bedrohlich – besetzt.[74] In der Invasionsbiologie wird analog zur Immunologie bei einer erfolgreichen Bekämpfung von ‚Eindringlingen' durch ‚intakte' Ökosysteme, die folglich in ‚selbst' oder ‚fremd' bzw. ‚Freund' und ‚Feind' unterscheiden können sollen, von ‚Resistenz' gesprochen. Mit der Existenz solcher Abwehrsysteme erschiene aber eine Ansiedlung ‚fremder Arten' eigentlich als unwahrscheinlich. Daher, so die invasionsbiologische Folgerung, zeigten solche Fälle ein (anthropogen)

71 Ebd., S. 42–43.

72 Vgl. S. 37 in diesem Buch.

73 Vgl. Eser: Projektionsfeld, S. 172.

74 Vgl. Elias Canetti: *Masse und Macht* [1960]. Frankfurt am Main: Fischer 1992.

gestörtes Ökosystem mit einem folglich geschwächten Immunsystem oder eine enorme Aggressivität der ‚Eindringlinge'. Das Massenhafte spricht in dieser Perspektive zugleich – analog zum rassistischen Klischee – von ungezügelter Triebhaftigkeit und Fortpflanzung. Und so wird auch hier bezüglich der ‚Fremden' immer wieder ihre Fähigkeit zur übergroßen Samenproduktion oder zur überaus vitalen vegetativen Vermehrung etwa durch Rhizome betont.[75] Das impliziert regelmäßig, hier ginge es um exklusive Kennzeichen ‚fremder Arten', obwohl ja ‚heimische' Pflanzen wie etwa Pappeln und Weiden ebenfalls unzählige Samen produzieren oder sich Schachtelhalme großflächig vegetativ vermehren.

Vergleichbar sieht es bei der diskursiven Erzeugung ‚invasiver Arten' aus. Die Rotbuche etwa ist eigentlich eine ‚invasive Art', da sie dort, wo sie sich ansiedelt, viele bisher wachsende Pflanzen verdrängt, denn Rotbuchen nehmen ihnen durch ihr dichtes Blätterdach das notwendige Licht. Rotbuchen aber gelten nicht einfach nur als ‚heimisch', sondern als ‚potentielle natürliche Vegetation' in Mitteleuropa und daher als besonders schützenswert. Der Historiker Hansjörg Küster hat allerdings mithilfe von Pollenanalysen gezeigt, dass Rotbuchen erst vor rund 7.000 Jahren von Süden kommend begannen, sich in Mitteleuropa auszubreiten. Und das offenbar menschlich geprägt, im Zuge von Besiedlung und Ackerbau. Verdrängt wurde dabei eine von Eichen, Haselbüschen und Ulmen dominierte Vegetation.[76] Dass Buchenwälder trotzdem als potentiell natürlich gelten, erklärt sich offenbar im Zusammenhang traditioneller Naturschutzkonzepte und ihrer Fixierung auf die ‚heimische Kulturlandschaft'. Buchen sind in dieser Landschaft aufgrund einer zugeschriebenen lange andauernden Ko-Evolution ‚standorttypisch' und somit ‚sesshaft' (im Gegensatz zu den ‚nichtsesshaften' Neophyten.[77]

75 Vgl. Eser: Projektionsfeld, S. 176–183.

76 Hansjörg Küster: *Geschichte des Waldes. Von der Urzeit bis zur Gegenwart.* München: Beck 1998, S. 87–90.

77 Vgl. Eser: Projektionsfeld, S. 178.

In der Ökologie werden Arten, die nach 1500 eingeführt wurden, als Neophyten bezeichnet. Deren gesteigertes Vorkommen wird vor allem als Folge der Industrialisierung und eines globalisierten motorisierten Verkehrs – und mithin eines grenzenlosen Handels und Tourismus – sowie einer intensivierten Landwirtschaft seit dem späten 19. Jahrhundert aufgefasst.[78] In gewisser Parallelität dazu stehen gängige Auffassungen von menschlicher Migration. Harald Kleinschmidt zeigt, dass zwar ausweislich der „Quellen aus der ferneren Vergangenheit [...] Bevölkerungen nicht nur in Europa, sondern in weiten Teilen der Welt in früheren Jahrhunderten sehr viel mobiler waren"[79] als in den letzten rund 200 Jahren. Im Gegensatz dazu aber stünden die Wahrnehmungen der meisten Migrationsforscher_innen des 20. Jahrhunderts, dass Massenmigration ein – ebenfalls durch die Prozesse der Industrialisierung hervorgerufenes – Phänomen eben des 20. und vielleicht noch des späten 19. Jahrhunderts sei.[80] Das deckt sich mit der Sicht der öffentlichen und veröffentlichten Meinung, die zugleich diese Bevölkerungen häufig identifiziert mit essentiell verschiedenen, historisch lang anhaltenden und unhintergehbaren Kulturen.

Solche „Kulturen"[81] und die dazugehörigen Identitäten, so Frank-Olaf Radtke, sind aber „eine semantische Erfindung des 18. Jahrhunderts"[82] (und seither). Die ‚Kulturen' erhalten in der Folge räumliche Dimensionen, in denen sie mit der Landschaft und der ‚heimischen Natur' verschmelzen und so zur prägenden Instanz des jeweils ansässigen ‚Stammes' oder ‚Volkes' werden – (früh-)romantische Vorstellungen einer Nationalisierung von

78 Vgl. Eser: *Naturschutz*, S. 17–18; dies.: Projektionsfeld, S. 167.

79 Harald Kleinschmidt: *Migration und Integration. Theoretische und historische Perspektiven*. Münster: Westfälisches Dampfboot 2011, S. 30.

80 Vgl. ebd.

81 Frank-Olaf Radtke: Nationale Multikulturalismen. Bezugsprobleme und Effekte. In: Sabine Hess / Jana Binder / Johannes Moser (Hrsg.): *No Integration?! Kulturwissenschaftliche Beiträge zur Integrationsdebatte in Europa*. Bielefeld: Transcript 2009, S. 37–50, hier S. 44.

82 Ebd.

Natur, die sich im deutschsprachigen Raum seit dem ausgehenden 19. Jahrhundert in den konservativen bis völkischen Positionen des ‚Heimatschutzes' radikalisieren und nicht von Ungefähr in die ‚Blut-und-Boden'-Konstruktionen des deutschen Faschismus münden.[83]

Wenn also etwa Johann Gottfried Herder die Konstituierung einer Nation „in der Natur begründet"[84] sieht, liegt es nahe, dass Alexander von Humboldt umgekehrt 1806 in seinen *Ideen zur Physiognomik der Gewächse* von „vaterländischen Pflanzengestalten"[85] spricht. Ein Jahr später, in den *Ideen zu einer Geographie der Pflanzen*, nimmt er die Positionen der Invasionsbiologie vorweg: „Indem der Ackerbau die Herrschaft fremder eingewanderter Pflanzen über die einheimischen begründet", schreibt er, „werden diese nach und nach auf einen engen Raum zusammen gedrängt. So macht die Kultur den Anblick des europäischen Bodens einförmig".[86]

Wie die Erfindung der (nationalen) ‚Kulturen' im und seit dem 18. Jahrhundert zugleich mit neuen, systematischen Ordnungen der äußeren Natur zu Kulturlandschaften korrespondiert, verdeutlichen forstwirtschaftliche und -kulturelle Imaginationen von Waldformationen. So verkörpern im Denken Jean-Baptiste Colberts, Finanzminister im Frankreich Louis XIV., bereits um 1670 der geregelte Forst ein wohlgeordnetes Königreich, die erwünschten Baumarten jeweils die einzelnen Stände, die verpönten Arten die auszumerzenden ‚Kanaillen';[87] so werden um 1813 ‚deutsche' Nadelwälder bzw. ‚deutsche Eichen' diskursiv zu marschierenden Soldaten bzw. Freischärlern gegen das napoleonische Frankreich;[88] so erscheinen im 20. Jahrhundert

83 Vgl. Termeer: *Verkörperungen*, S. 485–498.

84 Joachim Wolschke-Bulmahn: Gärten, Natur und völkische Ideologie. In: Rainer Hering (Hrsg.): *Die Ordnung der Natur. Vorträge zu historischen Gärten und Parks in Schleswig-Holstein*. Hamburg: Hamburg UP 2009, S. 143–187, hier S. 147.

85 Zit. n. ebd., S. 147–148.

86 Zit. n. ebd.

87 Vgl. Termeer: *Verkörperungen*, S. 348–350.

88 Vgl. ebd., S. 393–394.

noch bis in die 60er Jahre hinein in den Naturschutzkonzepten der deutschen Heimatschutzverbände Bäume als „Recken" im „Kampf ums Dasein".[89]

Neben solchen auf Wälder und Forste projizierten Gemeinschaften finden sich vor allem einschlägige Konstruktionen von ‚Wurzeln' als Ausdruck ‚rassischer' Bindungen bei Menschen in den völkischen Denkmustern des späten 19. und frühen 20. Jahrhunderts. Irritierend am aktuellen massenmedialen Diskurs um ‚Wurzeln' in einer Einwanderungsgesellschaft ist dann auch das offenbare Ausblenden dieser Zusammenhänge.

2. Wurzeldiskurse I: Von der ‚Rasse' zur ‚Kultur'

Oswald Spengler, der Starpublizist der ‚Konservativen Revolution' der 1920er Jahre, entwirft 1923 in seinem *Untergang des Abendlandes* eine Art Theorie des „Pflanzlichen" im Menschen, das er eng an die „Rasse" bindet.[90] „Eine Rasse hat Wurzeln. Rasse und Landschaft gehören zusammen. Wo eine Pflanze wurzelt, da stirbt sie auch. [...] Eine Rasse wandert nicht. Die Menschen wandern", heißt es bei ihm.[91]

Wilhelm Heinrich Riehl entwirft bereits 1857 in *Land und Leute* die Deutschen als ursprüngliche, tief in ihrem Wald verwurzelte Kultur. Riehls Werk liefert eine wichtige Grundlage des völkischen Waldmythos und der Konstruktionen von ‚Blut und Boden'. Natur wird hier zum selektierenden „Kampfgeschehen" der „Völker und Rassen um [...] Lebensraum", und

89 Vgl. ebd., S. 495–498. Identifikationen von Menschen mit Pflanzen und umgekehrt sind im Übrigen historisch bis ins Archaische belegt. Helmut Birkhan zeigt das an einer Fülle von Beispielen (Helmut Birkhan: *Pflanzen im Mittelalter. Eine Kulturgeschichte*. Wien / Köln / Weimar: Böhlau 2012, S. 259–266). Birkhan verweist dazu auch etwa auf Begriffe wie „Fortpflanzung" und „Sprössling" für „Kind" in unterschiedlichen Sprachen (ebd., S. 12). Seine Darstellungen entfaltet er allerdings im Rahmen einer Kulturgeschichte, also ohne die Reflektion historischer Diskontinuitäten.

90 Zugleich spricht er vom „pflanzenhaften" Fortpflanzungsdrang des „Blutes" (Oswald Spengler: *Der Untergang des Abendlandes. Umrisse einer Morphologie der Weltgeschichte* [1923]. München: Beck 1981, S. 680).

91 Ebd., S. 696.

„Verwurzelung“ wird „im Gegensatz zum Nomadisieren“ zur „Grundbedingung“ der „Kulturbildung“, verankert zugleich im „Geist“ und in den „genetischen Eigenschaften eines Volkes“.[92] So fasst Stefan Körner Deutungsmuster zusammen, die sich im ‚Heimatschutz‘ auch noch nach 1945 einer Kontinuität erfreuen. ‚Wurzel‘ und ‚Verwurzelung‘ stehen somit für eine buchstäblich organisch gemeinte Verbindung von Natur, Kultur und ‚Volk‘, nicht zuletzt als bäuerliche ‚Verwurzelung in der Scholle‘.
In der bereits um 1900 verbreiteten Heimatschutzliteratur geht es ebenfalls immer wieder um ‚Ver‘- und ‚Entwurzelung‘. Die Proletarisierung der Landbevölkerung im expandierenden Kapitalismus wird in diesen Darstellungen zu einem mehr als nur bildlichen ‚Loshacken‘ der Bauern von ihrer Identität. Sie werden zu ‚Fremden‘ gemacht durch – häufig antisemitisch entworfene – heimat- und damit wurzellose Kapitalisten.[93] Bei Spengler erscheint der „Bauer“ selbst als „Pflanze“, weil er sich die Erde zur „Freundin“ mache und seine „Wurzeln tief in den *eigenen* Boden“ senke.[94] Diese Thematiken des ‚Blut-und-Boden‘ und/oder der ‚Verwurzelung in der Scholle‘ ist nicht zuletzt umgesetzt worden in der NS-Malerei, so vor allem in Walter Hoecks Gemälde *Pflügender Bauer* (1939).

92 Stefan Körner: Kontinuum und Bruch. Die Transformation des naturschützerischen Aufgabenverständnisses nach dem Zweiten Weltkrieg. In: Joachim Radkau / Frank Uekötter (Hrsg.): *Naturschutz und Nationalsozialismus.* Frankfurt am Main / New York: Campus 2003, S. 405–434, hier S. 420.

93 Wie weit verbreitet solche Biologismen im (nicht nur deutschsprachigen) Konservativismus sind, ohne dass dabei rassistische oder antisemitische Muster bedient werden müssen, zeigt das Beispiel der französischen Philosophin Simone Weil. Aus einer jüdischen Familie stammend war sie politisch zunächst undogmatisch links eingestellt. Innerhalb der Resistance zur Religiös-Konservativen gewandelt veröffentlichte sie 1942/43 den unvollendeten Groß-Essay *L'Enracinement* (dt. *Die Verwurzelung*). Hierin beschäftigte sie sich auch mit den „Entwurzelung[en]“ in der Moderne, denen vor allem die „Arbeiter“ und der „Bauernstand“ ausgesetzt seien. Vgl. Simone Weil: *Die Verwurzelung. Vorspiel zu einer Erklärung der Pflichten dem Menschen gegenüber* [1943]. Zürich: Diaphanes 2011. Vorstellungen einer Pflanzlichkeit – also der Ver- und Entwurzelungen – gehören ja bis heute auch zu den alltäglichen Gemeinplätzen.

94 Spengler: *Untergang*, S. 660. (Herv. i. Orig.)

Abb. 3: Walther Hoeck: *Pflügender Bauer*, 1939.

„Die symbolische Handlung des Pflügens, damit zugleich die Bindung des Bauern an den Boden", schreibt der Kunstberichterstatter Werner Rittich 1943, werde hier „sogar ins Monumentale gesteigert und erhält [...] eine Weihe, die religiöser Haltung gleichkommt".[95]
Wenn nun beispielsweise Henning Eichberg, eine zentrale Figur der deutschen Neuen Rechten, 1987 in seinem Buch *Abkoppelung. Nachdenken über die deutsche Frage* Identität als „Unterschiedsbegriff" bezeichnet und umschreibt mit „‚Wir' sagen, das Eigene, Vertrautheit, eigene Wurzeln haben",[96] dann knüpft das auch an das Denken der alten Rechten an. Zugleich aber wird etwas Neues deutlich. Eichberg, der sich publizistisch immer wieder in links-alternative Kreise begeben konnte,[97] bedient sich argumentativ der Befreiungskämpfe von Minderheiten und fragt: „Wer bin ich? Ich bin Bretone, Cherokee-Indianer, Baske [...] Deutscher".[98] Alain de Benoist, Protagonist der Neuen Rechten in Frankreich, argumentiert 1985 in seiner

95 Werner Rittich: *Deutsche Kunst der Gegenwart*, Bd. 2: Malerei und Graphik. Breslau: Hirt 1943, S. 11.

96 Zit. n. Terkessidis: *Kulturkampf*, S. 68.

97 Vgl. ebd., S. 62.

98 Zit. n. ebd., S. 68.

Kulturrevolution von rechts vergleichbar: „Man hat das Recht, für die Black Power zu sein, aber unter der Bedingung, daß man gleichzeitig für die White Power ist.“[99]

Der von Eichberg betonte „Unterschiedsbegriff“[100] kennzeichnet das neurechte Konzept des ‚Ethnopluralismus‘. Die ‚Kulturen‘ werden hierin vorgeblich als gleichberechtigt, aber streng voneinander separiert und in sich homogen entworfen. Das Konzept versucht zwar, an postmodernen Aufwertungen der Kultur, in gewisser Weise gar am ‚Multikulturalismus‘ zu partizipieren – andererseits aber die Identifikation von ‚Rasse‘ und Kultur des klassischen Rassismus beizubehalten. Aktuell operiert die seit ca. 2012 vor allem im Internet präsente neonazistische Identitäre Bewegung in dieser Weise. Eines ihrer Motti lautet: „Wir sind nicht links, nicht rechts, wir sind identitär.“[101] Damit wird offenbar versucht, den Gründungsslogan der Grünen, „Nicht rechts, nicht links, sondern vorn“, der ausgehenden 1970er Jahren (in denen allerdings noch rechte Ökologen wie Baldur Springmann und Herbert Gruhl dabei waren) zu kapern, auch, um den Vorwurf des Rechtsextremismus von sich zu weisen. Getreu der Maxime des ‚Ethnopluralismus‘, „Jedem Volk sein Land, jedem seine Freiheit!“, sieht die „Identitäre Bewegung Deutschlands“ ihre „Aufgabe“ in einer „Bewahrung unseres ethno-kulturellen Erbes“ und damit aber im Kampf „gegen Multikulti und gegen den großen Austausch“ der ‚heimischen‘ gegen eine ‚fremde‘ Bevölkerung.[102]

99 Zit. n. Terkessidis: *Kulturkampf*, S. 67.

100 Zit. n. ebd., S. 68.

101 Zit. n. Thilo Schmidt: Rassismus in popkultureller Verpackung. „Identitäre Bewegung“ schürt Fremdenhass im Internet. http://www.deutschlandfunk.de/rassismus-in-popkultureller-verpackung.862.de.html?dram:article_id=242651 (Zugriff am 26.07.2016).

102 Zit. n. Robert Kiesel: Moderne Nazis. Wofür die „Identitäre Bewegung Deutschland“ wirklich steht. In: *vorwärts*, 30.06.2015. http://www.vorwaerts.de/artikel/wofuer-identitaere-bewegung-deutschland-wirklich-steht (Zugriff am 11.07.2016).

„Ethnopluralismus“, so Mark Terkessidis, kennzeichnet

> eine wichtige und spezifische Verkehrung: Damit bewaffnet sich die „ethnische Mehrheit an der Macht“, wie man in Abwandlung von Gramsci sagen könnte, mit der Position der machtlosen Minderheit und wendet sie gegen diese. [...] Eine solche Strategie nennt der französische Rassismusforscher Pierre-André Taguieff [...] „Retorsion“. Sie vollzieht sich in drei Schritten: Wiederaufnahme, Wandlung und Aneignung-Enteignung des gegnerischen Arguments. Aus der Differenz, einmal postuliert als Schutz und Waffe von Minderheiten gegen verallgemeinernde Zuschreibungen, gewinnt die Neue Rechte in einer „Retorsion der Retorsion“ die „nationale Identität“ zurück [...].[103]

Gleichzeitig vergrößert sich das Problem dieser neu-rechten Identitätspolitik des „eigene Wurzeln [H]aben[s]“[104], wenn es auf einen gesamtgesellschaftlichen Diskurs trifft, in dem die Wurzelmetapher eine wesentliche Rolle spielt.

3. Wurzeldiskurse II: Identitäten und Alteritäten und ihre Verwertungen

Wie schon erwähnt sind ‚Wurzeln‘ im aktuellen medialen Einwanderungsdiskurs allgegenwärtig. Hier nur eine kleine Auswahl: Im September 2013 fragt die *taz* den damaligen Vizekanzler Philipp Rösler (FDP), ob er Hassmails erhalte, „weil man Ihnen Ihre nichtdeutschen Wurzeln ansieht“[105]. Der *Spiegel* meldet im November 2014: „Jeder Fünfte in Deutschland hat ausländische Wurzeln“[106]. *Die Rheinische Post* nennt den Schlagersänger Xavier Naidoo im November 2015 einen „Mannheimer mit indischen und afrikanischen

103 Terkessidis: *Kulturkampf*, S. 67–68.

104 Eichberg zit. n. Terkessidis: *Kulturkampf*, S. 68.

105 Anja Maier / Sabine am Orde: Philipp Rösler über Hass. In: *taz*, 10.09.2013. http://www.taz.de/1/archiv/digitaz/artikel/?ressort=hi&dig=2013%2F09%2F10%2Fa0094&cHash=c4ca33056577e6c9474ca0df98b4cef1 (Zugriff am 20.06.2016).

106 Auswertung des Mikrozensus: Jeder Fünfte in Deutschland hat ausländische Wurzeln. In: *Spiegel*, 14.11.2014. http://www.spiegel.de/politik/deutschland/jeder-fuenfte-in-deutschland-hat-auslaendische-wurzeln-a-1003003.html (Zugriff am 11.03.2016).

Wurzeln"[107]. Und im April 2016 bringt die *Süddeutsche Zeitung* in ihrer Online-Ausgabe einen dpa-Artikel über einen „Siegfried mit türkischen Wurzeln"[108] bei den Wormser Nibelungen-Festspielen.

Wenn die ARD am 19. April 2013 die damals neue Sprecherin der 20-Uhr-Tagesschau Linda Zervakis als „Hamburgerin mit griechischen Wurzeln"[109] präsentiert und betont, mit ihr werde die Nachrichtensendung „jünger, weiblicher und internationaler"[110], ist das zweifelsfrei positiv gemeint. Gleichzeitig bedeutet das Herausstellen von ‚Wurzeln' und ‚Internationalität' der gebürtigen Hamburgerin eine Fremdmarkierung. Diese Markierung funktioniert zugleich auch als Selbstmarkierung. So bezeichnet sich Zervakis selbst als „Hamburgerin mit griechischen Wurzeln"[111]. Und in einem Gespräch mit der dpa anlässlich ihrer neuen Tagesschau-Rolle sagte sie, als Prominente müsste sie nun etwa im Autoverkehr „in Zukunft ihr griechisches Temperament etwas zügeln", denn sonst „erwischt mich vielleicht ein Passant mit Handykamera dabei, wie ich gerade mit hochrotem Kopf ein Hupkonzert veranstalte"[112]. Das „Gesehen-Werden durch die Mehrheit", schreibt Mark Terkessidis unter Berufung auf Frantz Fanon, beeinflusse auch die,

107 Martina Stöcker: Eurovision Song Contest 2016: Xavier Naidoo ist der falsche Kandidat. In: *Rheinische Post*, 19.11.2015. http://www.rp-online.de/kultur/musik/eurovision/eurovision-song-contest-2016-xavier-naidoo-der-falsche-kandidat-aid-1.5571777 (Zugriff am 12.07.2016).

108 dpa: Ein Siegfried mit türkischen Wurzeln in Worms. In: *Süddeutsche Zeitung*, 11.04.2016. http://www.sueddeutsche.de/news/kultur/theater-ein-siegfried-mit-tuerkischen-wurzeln-in-worms-dpa.urn-newsml-dpa-com-20090101-160411-99-541455 (Zugriff am 12.04.2016).

109 Linda Zervakis neue Sprecherin der 20-Uhr-Tagesschau. http://www.daserste.de/specials/ueber-uns/aktuelle-meldungen-19042013-zervakis-tagesschausprecherin100.html (Zugriff am 23.07.2016).

110 Ebd.

111 Linda Zervakis: Vita. http://www.lindazervakis.de/ (Zugriff am 23.07.2016).

112 dpa: Linda Zervakis will ihr Temperament zügeln. In: *Focus*, 20.04.2013. http://www.focus.de/panorama/boulevard/medien-linda-zervakis-will-ihr-temperament-zuegeln_aid_966445.html (Zugriff am 23.07.2016).

die „erfasst werden“[113] von einem Mehrheits-Blick, der definiere, wie und woran Fremdheit erkennbar sei. „Jede kulturelle Artikulation der Migranten im Einwanderungsland“ stelle eine unbewusste oder bewusste „strategische Reaktion auf diesen Blick“[114] dar. Kien Nghi Ha verweist in diesem Zusammenhang auf einen „Erklärungszwang der Eingewanderten im Integrationsdiskurs“[115], hervorgerufen durch die stets präsenten Fragen nach der Herkunft und dem Grund der Einreise. Diesen Erklärungszwang werden auch die Nachfahren der Eingewanderten nicht los.

‚Wurzeln‘ erscheinen auch in der ‚postmodernen‘ Einwanderungsgesellschaft als Zeichen einer unhintergehbaren Identität. Deutlich wird, dass ein gesellschaftlicher Mainstream Vielfalt zumindest oberflächlich als wünschenswert betont, dabei aber essentialistisch als ein Zusammenleben ‚ganzer‘, unveränderter und unvermischter Kulturen begreift. Ein Bezugspunkt dieses vermeintlich progressiven Bestrebens könnte der afroamerikanische *roots*-Begriff sein, popularisiert durch Alex Haleys Roman *Roots – The Saga of an American Family* von 1976 und vor allem durch die anschließende Fernsehserie, die später ebenfalls in Deutschland gesendet wurde.[116] Der *roots*-Begriff entstammt den ‚klassischen‘ Konzepten des Panafrikanismus, die ähnlich wie das Konzept der *négritude* zwar „unter dem Signum einer ‚schwarzen Identität‘ [...] ausschließlich“ einer „Politik der Differenz“ gegen weiße rassistische Hierarchisierungen dienen,[117] aber nichtsdestotrotz auch essentialistisch aufgeladen sind.

Konzepte der *roots* und der *négritude* lassen sich dabei als klassische Beispiele für einen *strategischen Essentialismus* begreifen, mit dem vor allem als Sklaven gebrandmarkte Menschen und

113 Terkessidis: Globale Kultur, S. 318.

114 Ebd.

115 Ha: *Hype*, S. 106.

116 *Roots* (USA 1977, R: Marvin J. Chomsky u. a.).

117 Terkessidis: *Kulturkampf*, S. 65–66.

deren Nachkommen darauf bestehen, nicht als bloß Entrechtete und Entwurzelte *identifiziert* zu werden, sondern über eine eigene Identität zu *verfügen*, über eine lange Geschichte von Traditionen und Kultur, aus denen sie gewaltsam herausgerissen wurden. Diese zweifelsfrei emanzipatorisch intendierten Identitätspolitiken haben allerdings ihre Tücken. Bindungen von Identität an – machtvolle, homogenisierende, ein- und damit auch ausschließende – Kategorien wie Abstammung, Kultur und ursprüngliche Territorialität (die zu den ‚Wurzeln' passende Erde) sind ohne den Glauben an diese Kategorien und ihre Normen und Wertsetzungen nicht zu haben. Das aber steht eigentlich im Widerspruch zu einem strategischen Gebrauch davon. Dieser, so Agathe Bienfait, setze nämlich ein rein instrumentelles Verhältnis der Akteur_innen zur eigenen Identität voraus:

> Überzeichnet formuliert: nur wenn sich die Subjekte nicht mit ihrer Identität identifizieren, können sie vom „strategischen Essentialismus" profitieren. Gerade diese Voraussetzungen sind aber angesichts der Emotionalität und Ausschließlichkeit kultureller und ethnischer Grenzziehungen außerordentlich unwahrscheinlich. Der leidenschaftliche und eben deshalb distanzlose Glaube der Betroffenen an die durch nichts ersetzbare Relevanz ihrer Zugehörigkeit ist schließlich nicht erst die Folge, sondern die Voraussetzung aller ethnischen Situationsdeutungen. [...] Jede Revitalisierung der kulturellen Identität enthält die Tendenz zur Homogenisierung und Beschränkung, wodurch die unbestrittenen emanzipatorischen Aspekte wieder zurückgenommen werden.[118]

Auch wenn Spivak einen strategischen Essentialismus als Möglichkeit sieht, klassifizierende Kategorien und sozialen Machtkonstellationen langfristig zu dekonstruieren,[119] hat sie sich andererseits Identitätspolitik gegenüber skeptisch bis ablehnend gezeigt. Diese liefe letztlich auf ein elitäres Konzept zur Schaffung von Führungsschichten hinaus.[120]

118 Bienfait: *Im Gehäuse*, S. 134.

119 Vgl. ebd.

120 Vgl. Gayatri Chakravorty Spivak: *Righting Wrongs. Unrecht richten* [2004], aus d. Engl. v. Sonja Finck / Janet Keim. Zürich / Berlin: Diaphanes 2008, S. 71.

Neuere Konzepte betonen gegenüber der im *roots*-Begriff etablierten Afrikazentriertheit den Aspekt der Diaspora.[121] Innerhalb des Konzepts des *Black Atlantic* werden Kulturen als dezentrierte, deterritorialisierte, fluide und hybride Gebilde begriffen, Identitäten als steten Prozessen unterworfen.[122] Édouard Glissant, der Poet und Theoretiker der *Identität als Relation*, schreibt in diesem Kontext:

> Identität als Wurzel verdammt den Emigranten – besonders im Stadium der zweiten Generation – zu einer zerstörerischen Zerrissenheit. Am Ort seiner neuen Verankerung zumeist abgelehnt, ist er zu schier unmöglichen Anstrengungen gezwungen, seine frühere und seine neue Zugehörigkeit miteinander zu vereinbaren.[123]

Gegen die „geheiligte Intoleranz der Wurzel"[124] setzt er das Bild einer Vielheit der Rhizome am Beispiel des Kreolischen.
Diese Anrufung des Rhizomatischen hat bekanntlich schon eine eigene Geschichte. Gilles Deleuze und Félix Guattari haben gegen die in der Baummetapher omnipräsente Naturalisierung sozial konstruierter Hierarchien, des Dichotomen und des definitiv festgeschriebenen Kategorialen, des Homogenen, des Ursprünglichen und Einheitlichen, für das die (Baum-)Wurzel steht, eben das Rhizom gesetzt. Das Rhizom steht hier für Heterogenitäten, für permanente Neukombinationen, in

121 Gleichwohl findet dieser *roots*-Begriff nach wie vor Verwendung. So sagt etwa der afroamerikanische Historiker Gerald Horne 2014 in einem Interview mit der *taz,* nach der amerikanischen Revolution von 1776 – die Horne als rassistische Konterrevolution einer Sklavenhaltergesellschaft dekonstruiert – seien „Leute mit Wurzeln vom Atlantik bis zum Ural" privilegiert worden. „Jene" hingegen, „die nicht weiß sind", hätten „den Knüppel" bekommen (Dorothea Hahn: „Ein rassistisches Land." 4. Juli: Die amerikanische Revolution von 1776 gilt als Geburtsstunde der modernen Demokratie. Sie war aber eine Gegenrevolution und hat die Sklaverei befördert, sagt Historiker Gerald Horne. In: *taz*, 04.07.2014, S. 11).

122 Vgl. Paul Gilroy: Der *Black Atlantic*. In: Ders. / Tina Campt / Haus der Kulturen der Welt (Hrsg.): *Der Black Atlantic*. Berlin: Haus der Kulturen der Welt 2004, S. 12–31, hier S. 13, 16.

123 Édouard Glissant: Poetik der Relation. Theorien. In: Ebd., S. 55–68, hier S. 58.

124 Ebd., S. 60.

denen sich die Eigenschaften der beteiligten Kategorien verändern.[125] Das Rhizom als unterirdisch weit verzweigte, assimilationsfähige Sprossachse bestimmter Pflanzen wurde zugleich zum Vor-Bild antiautoritärer, ständig wechselnder Vernetzungen, Verknüpfungen im Untergrund, deren ‚Früchte' unberechenbar an die Oberfläche treiben, zum Bild der Subversion. Ebenso klingt es im Bild der Multitude bei Michael Hardt und Antonio Negri an. ‚Graswurzelbewegung' oder ‚aufkeimender Widerstand' gehören in dasselbe semantische Feld.[126]

Interessanterweise werden also auch in Versuchen, gegen das strikt Geordnete, Autoritäre und Hierarchische, gegen die Phantasmen des Reinen, Unvermischten und Kanalisierten und deren Naturalisierungen oppositionelle Konzepte zu entwerfen, weiterhin naturalisierende Metaphern verwendet. Dabei scheint – konträr zur Darstellung von Deleuze und Guattari – häufig das botanische wie metaphorische Missverständnis zu bestehen, Rhizome seien ebenfalls eine Art von Wurzeln (Vielwurzeln, die für eine kulturelle Vielwurzeligkeit stehen). Auch die Vielheit kommt also offenbar nicht ohne ‚Verwurzelung' aus. Als im „Multikulti-Berlin verwurzelt"[127] bezeichnet sich etwa die Sängerin Sharon Brauner. Hier geht es um eine Selbstverortung innerhalb einer als hybrid wahrgenommenen/entworfenen Kultur. Sie kommt als aktuellste Schicht zu den bisherigen Schichtungen des Wurzeldiskurses hinzu.

Der Hybridbegriff postkolonialer Theorien begreift Identität als „aus mehr als einem Diskurs zusammengesetzt", geprägt

125 Gilles Deleuze / Félix Guattari: *Rhizom* [1976], aus d. Franz. v. Dagmar Berger / Clemens-Carl Haerle / Helma Konyen / Alexander Krämer / Michael Nowak / Kade Schacht. Berlin: Merve 1977, S. 39.

126 Vgl. Marcus Termeer: Was wird hier eigentlich sichtbar? Oder: Wie ist Subversion im gegenwärtigen Kapitalismus möglich? In: *Nebulosa. Zeitschrift für Sichtbarkeit und Sozialität* 2 (2012): Subversion, S. 14–25, hier S. 16.

127 Zit. n. Sylvia Prahl: Mit großer Geste. Kein nostalgisches Reenactment und trotzdem mit Tanzpalast-Flair: Die Berliner Sängerin Sharon Brauner und ihr neues Album „Lounge Jewels". In: *taz*, 03.05.2013. http://www.taz.de/!5068192/ (Zugriff am 27.07.2016).

„durch Ambivalenz und Begehren“, wie Stuart Hall schreibt.[128] Und eine internationale Kultur, so Homi K. Bhabha, beruhe nicht auf der „Exotik des Multikulturalismus oder der Diversität [...], sondern auf der Einschreibung und Artikulation der Hybridität“.[129] Träger „kultureller Bedeutung“ seien die Räume „da-zwischen“.[130] Nun hat Kien Nghi Ha (im Titel seines Buchs) einen *Hype um Hybridität* für den gegenwärtigen Kapitalismus ausgemacht. Dieser Hype aber speist sich aus einem Changieren des Begriffs zwischen gegenkulturellen Verortungen – des Unreinen, der unscharfen Bestimmungsgrenzen, des Subkulturellen, subversiv Intendierten, der gegen die eigene Gesellschaft und deren Leitkulturpostulate gerichteten ‚Entdeckungen‘ der/des ‚Fremden‘ und Marginalisierten, ebenso der Queerness – und der vorgeblich progressiven Erneuerung der ‚eigenen Kultur‘ sowie schließlich einer popkulturellen Aufladung und Ökonomisierung des Andersseins. Dieses Changieren bildet einen wesentlichen Hintergrund der aktuell grassierenden Rede von ‚Wurzeln‘ in den Massenmedien.

Wenn heute die ‚Märkte‘ im Zeichen einer postfordistischen Gouvernementalität das Anderssein und selbst ‚dissidentes‘ Handeln zu Maximen der Verwertungslogik erklären,[131] wird Hybridität zum Bestandteil eines kulturellen Diversity Managements. Innerhalb eines Differenzkapitalismus mit seiner Maxime des „Sei anders!“ werden Alteritäten zu Modi der Selbstführung, Selbstoptimierung und Selbstvermarktung – oder sie werden als nicht verwertbar ausgeschlossen.[132]

128 Hall: *Rassismus und kulturelle Identität*, S. 74.

129 Homi K. Bhabha: *Die Verortung der Kultur* [1994], aus d. Engl. v. Michael Schiffmann / Jürgen Freudl. Tübingen: Stauffenburg 2000, S. 58.

130 Ebd.

131 Vgl. Sven Opitz: *Gouvernementalität im Postfordismus. Macht, Wissen und Techniken des Selbst im Feld unternehmerischer Rationalität*. Hamburg: Argument 2004, S. 134–135.

132 Vgl. Ulrich Bröckling: *Das unternehmerische Selbst. Soziologie einer Subjektivierungsform*. Frankfurt am Main: Suhrkamp 2007, S. 285–286.

Eine Ökonomisierung von Hybridität im engeren Sinn entfaltet sich etwa im ‚Ethnomarketing' oder als Lifestyle für die weiße Mehrheitsgesellschaft. Hier wird „Fremdheit [...] zu einer unbewussten oder bewussten strategischen Spielmarke: Sie wird begehrt und erfunden, [...] kontrolliert und reguliert. Je mehr Authentizität gewünscht wird, desto mehr Klischee-Fremdheit entsteht"[133]. Zugleich ist „im deutschen Kontext ein Hybriditätsverständnis populär", das (konträr zu den Theorien Bhabhas oder Halls) auch weiter essentialistisch die „reine Vermischung ganzer Kulturen" meint und hierbei gesellschaftliche Machtverhältnisse weitgehend entthematisiert[134] – und damit ebenso historische wie aktuelle rassistische Zuschreibungen. Das heißt auch: Es handelt sich um eine Gesellschaft, die zwar den Status als Einwanderungsgesellschaft inzwischen eher zu akzeptieren scheint, in der aber nach der Studie *Die Mitte in der Krise* im Auftrag der Friedrich-Ebert-Stiftung im Jahr 2010 13,7 Prozent der Befragten der unumstößlichen Meinung waren, dass die Bundesrepublik „durch die vielen Ausländer in einem gefährlichen Maß überfremdet"[135] sei, 21,9 Prozent dieser Auffassung „überwiegend" und 27,4 Prozent immerhin teilweise zustimmten. Dem Satz: „Eigentlich sind die Deutschen anderen Völkern von Natur aus überlegen", stimmten 3,3 Prozent „voll und ganz", 10 Prozent „überwiegend" und 22,7 Prozent teilweise zu.

In einer derart vordergründigen Hybridgesellschaft, in der exkludierende Kulturalismen und Rassismen gerade angesichts von Umbrüchen (‚Globalisierung', ‚Flüchtlingsströme') stets aktivierbar bleiben, und in der ebenso neue essentialistische Identitätskonstruktionen wie ‚Biodeutsche' oder ‚Herkunftsdeutsche' grassieren, sind ‚Wurzeln' von zentraler Bedeutung. Offenbar nicht nur für die Mehrheitsgesellschaft. Auch Minderheiten betonen ihre ‚Wurzeln'. So etwa im *MiGAZIN*. Im Februar 2015 stellt das *Fachmagazin für Migration und*

133 Terkessidis: Globale Kultur, S. 316.

134 Ha: *Hype*, S. 94.

135 Oliver Decker / Marliese Weißmann / Johannes Kiess / Elmar Brähler: *Die Mitte in der Krise. Rechtsextreme Einstellungen in Deutschland 2010.* Berlin: FES 2010, S. 73–74. Alle folgenden Angaben im Absatz ebd.

Integration in Deutschland fest: „Deutsche mit ausländischen Wurzeln wollen teilhaben."[136] Anlass ist der erste Bundeskongress der Neuen Deutschen Organisationen, rund 80 Initiativen, die bundesweit bis zu 100.000 Menschen vertreten, die „sich nicht mehr auf einen Migrationshintergrund festlegen lassen"[137] wollen. Dazu zählen u. a. Deutsch Plus, die Initiative Schwarze Menschen in Deutschland, JUMA – Jung, Muslimisch, Aktiv und die Neuen deutschen Medienmacher. „Wir sind da, wir sind deutsch" – was mehr sei, als deutsche Vorfahren zu haben – „und wir wollen mitentscheiden"[138], zitiert die *FR* diese Organisationen aus demselben Anlass. Die Neuen deutschen Medienmacher schreiben an prominenter Stelle auf ihrer Homepage, sie hätten „unterschiedliche kulturelle und sprachliche Kompetenzen und Wurzeln".[139] Verbunden mit der Forderung nach einem „neue[n] Selbstverständnis, das zeige, wie die deutsche Gesellschaft von Einwanderung geprägt ist",[140] wird hier ein strategischer Essentialismus deutlich. Anders gesagt: Die Betonung der eigenen ‚Wurzeln' dient durchaus dem selbstbewussten Reklamieren sozialer Vielfalt. Gleichzeitig genügen diese Selbstthematisierungen der ‚nichtdeutschen Herkunft' aber ebenso dem oben schon genannten „Erklärungszwang der Eingewanderten"[141].

Das Dilemma vergrößert sich, wenn Migrant_innen und ihre Nachkommen oder (links-)liberale Medien Metaphern verwenden, die andererseits auch neurechte ‚Ethnopluralisten' verwenden, und dies in einer oberflächlichen Hybridgesellschaft als *gleich-gültig* erscheinen kann.

136 Neue Deutsche fordern mehr Mitspracherecht. In: *MiGAZIN*, 10.02.2015. http://www.migazin.de/2015/02/10/neue-deutsche-fordern-mehr-mitspracherecht/ (Zugriff am 27.07.2016).

137 Ebd.

138 Mira Gajevic: „Wir sind deutsch." Die Nachfahren von Einwanderern fordern ein Umdenken in der Integrationspolitik des Bundes. In: *FR*, 10.02.2015, S. 7.

139 Neue Deutsche Medienmacher. http://www.neuemedienmacher.de/ (Zugriff am 27.07.2016).

140 Neue Deutsche fordern mehr Mitspracherecht.

141 Ha: *Hype*, S. 106.

So reimen etwa die Mitglieder der überaus erfolgreichen völkischen Rockband Frei.Wild – vom *Focus* als „Musiker mit Südtiroler Wurzeln“[142] bezeichnet – in ihrem Hit *Wahre Werte* (2010):

> Da wo wir leben, da wo wir stehen, ist unser Erbe, liegt unser Segen, Heimat heißt Tradition, Volk und Sprache [...]. Wo soll das hinführen, wie weit mit uns gehen, selbst ein Baum ohne Wurzeln kann nicht bestehen. [...] Die Wurzeln des Landes, wie kann man die hassen? Nur um es manchen recht zu machen, die nur danach trachten, sich selbst zu verachten.

Auch angesichts dessen ist Sabine Hess und Johannes Moser zuzustimmen, wenn sie schreiben: „Ein anderes Vokabular ist nötig und möglich.“[143] Die von ihnen präferierte Perspektive des Transnationalen und Transkulturellen betrachtet Kulturen und Identitäten als dynamisch veränderliche Beziehungsgeflechte und scheint damit konträr zu den Fixierungen zu stehen, die sich in der Wurzelmetapher ausdrücken.[144]

Gerade das metaphorisch Pflanzliche scheint besonders geeignet, aus der Position der Mehrheitsgesellschaft von einer „reine[n] Vermischung ganzer Kulturen“[145] zu sprechen. Pflanzen, so wird es hier nahegelegt, bringen ihre jeweiligen Eigenschaften mit und unverändert ein ins neue Ökosystem. Sie können sich vielleicht einordnen (bleiben aber zumindest Eingeweihten als fremd erkennbar) oder sie verdrängen aggressiv die angestammten Populationen. Eine genetische Vermischung, eine ‚Kreuzung‘ zwischen alteingesessenen und neu zugewanderten Arten, aus denen etwas Neues entsteht, scheint aber

142 Maria Trixa: Eklat: Freiwild entscheiden sich für Echo-Boykott. In: *Focus*, 21.03.2014. http://www.focus.de/kultur/musik/echo-freiwild-berlin-freiwild-kommen-nicht-zur-echo-verleihung_id_3705599.html (Zugriff am 15.07.2016).

143 Sabine Hess / Johannes Moser: Jenseits der Integration. Kulturwissenschaftliche Betrachtung einer Debatte. In: Dies. / Binder (Hrsg.): *No Integration?!*, S. 11–25, hier S. 22.

144 Die Verhältnisse von Fixierungen und Verflüssigungen/Dynamisierungen werde ich im zweiten Teil behandeln.

145 Ha: *Hype*, S. 94.

eher ausgeschlossen; zumindest auf natürlichem Weg. Wie die Wurzelmetapher wirkt, möchte ich im nächsten Kapitel erörtern.

4. Die performative Kraft der Metapher I: ‚Wurzeln'

„Prozesse der Naturalisierung, in denen das Soziale als Natur gelesen wird und somit keiner weiteren Legitimation bedarf", schreiben Elvira Scheich und Karen Wagels, bedeuten eine Stillstellung der Reflexionen über Naturverhältnisse, die „Kategorie des Fremden" und „die Grenze[n] des eigenen Denkens".[146] Das gilt auch für die Konstruktionen von ‚Wurzeln'. Diese zielen auf das Fixieren des Fremden, ob intendiert oder nicht. Das trifft also auch dann zu, wenn diese ‚Wurzeln' als (selbst-)bewusste Behauptung von Selbstermächtigungen stehen sollen, dafür dass inzwischen auch die ‚Anderen' als gesellschaftliche Akteure ernst zu nehmen seien. Unreflektiert bleibt dabei meist, dass diese Betonung des ‚Anderen' immer auf der Kippe zu seiner exkludierenden Markierung steht. Anders ausgedrückt: Die Wurzelmetapher markiert in diesem Zusammenhang immer das Fremde, die Abweichung von der Norm: die ‚deutschen Wurzeln', die hier als Norm aber eben nicht betont werden müssen. ‚Deutsche Wurzeln' kommen vielmehr dann ins Spiel, wenn es etwa darum geht, im Ausland Identifikationsfiguren für die Fans in der ‚Heimat' zu schaffen. Ein Beispiel von vielen liefert die *Rheinische Post* in ihrer Online-Ausgabe vom 28. September 2007 unter dem Titel „Stars mit deutschen Wurzeln: Hollywood aus Germany"[147]. Eine andere Möglichkeit besteht in anscheinend unbewussten Weiterführungen tribalistischer Konstruktionen von ‚Stammeseigenschaften', wie

146 Elvira Scheich / Karen Wagels: Räumlich / Körperlich: Transformative *gender*-Dimensionen von Natur und Materie. In: Dies. (Hrsg.): *Körper – Raum – Transformation. gender-Dimensionen von Natur und Materie.* Münster: Westfälisches Dampfboot 2011, S. 7–30, hier S. 21–22.

147 Daniel Schulzek: Stars mit deutschen Wurzeln. Hollywood aus Germany. In: *Rheinische Post*, 28.09.2007. http://www.rp-online.de/panorama/leute/hollywood-aus-germany-aid-1.2030408 (Zugriff am 26.06.2016).

sie seit dem 19. Jahrhundert aufkamen; so etwa, wenn die *Stuttgarter Zeitung* vom 24. Dezember 2012 Dieter Hecking einen „Fußballlehrer mit westfälischen Wurzeln“[148] nennt.

Bei den hier untersuchten Wurzelmetaphern handelt es sich um Gemeinplätze. Und gerade das macht sie so wirkungsvoll. Eine zentrale Erkenntnis aus Susanne Lüdemanns Metapherntheorie lautet: Entgegen ‚klassischer‘ theoretischer Auffassungen wirken Metaphern auch unterhalb der Bewusstseinsebene, also ohne als solche erkannt zu werden. Die herkömmliche „Unterscheidung von echten und trivialen, lebendigen und toten Metaphern“[149], so Lüdemann, sei nicht haltbar. Vielmehr seien „tote“ bzw. „triviale“, also zu Gemeinplätzen herabgesunkene Metaphern „die eigentlich wirkmächtige[n]“. Alltägliche Bezeichnungspraxen und Wahrnehmungen sind also wirkmächtig, gerade weil sie in ihrer Selbstverständlichkeit der Reflexion weitgehend entzogen sind. Das gilt vor allem im Bereich des politisch Imaginären und seiner langen Tradition der Naturalisierungen von Staaten und ‚Gemeinschaften‘ zu lebendigen Organismen, zu Staats- oder Volkskörpern, in denen Menschen Wurzeln haben können, die ähnlich dem ‚Stamm‘ oder der ‚Ab-Stammung‘ Trennungen in ‚Wir‘ und ‚die Anderen‘ erzeugen.

Eine zweite zentrale Erkenntnis Lüdemanns lautet, „daß Metaphern und Begriffe Ähnlichkeiten nicht abbilden, sondern für das wahrnehmende Bewußtsein herstellen“.[150] Sie besitzen also eine „performative (psychische und sinnliche Realität erzeugende) Kraft“ . Die Behauptung, jemand anderes bzw. man selber habe irgendwelche ‚Wurzeln‘, ist also ein performativer Akt, ein Akt, durch den die ‚Verwurzelung‘ im ‚Fremden‘ per Benennen hervorgerufen bzw. ‚aufgeführt‘ wird. Lüdemann

148 Frank Hellmann: Wolfsburger Sinneswandel. In: *Stuttgarter Zeitung*, 23.12.2012. http://www.stuttgarter-zeitung.de/inhalt.trainerwechsel-in-wolfsburg-wolfsburger-sinneswandel.a5c43f2d-837c-4f07-9903-8a712f70697a.html (Zugriff am 20.07.2016).

149 Alle Zitate in diesem Absatz Lüdemann: *Metaphern*, S. 42–44.

150 Beide Zitate im Absatz ebd., S. 46.

erwähnt Judith Butler zwar nicht, aber sie war es, die Identität als aktives Geschehen, die das Werden von Identität und Subjekt als performativen Akt theoretisch erfasst hat. Zwar hat sie sich bekanntlich auf Geschlechtsidentitäten konzentriert, ihre Überlegungen aber sind zweifellos übertragbar.

Ein wesentlicher Punkt in Butlers Überlegungen ist die Beschäftigung mit der Sprechakttheorie des Philosophen John L. Austin. Nach Austin bringen Sprecher_innen im Sprechakt das hervor, was sie benennen. Butler hat unter Rückgriff auf Jacques Derridas kritische Revision dieses Ansatzes und auf die Ideologiekritik Louis Althussers betont, dass die Macht des Hervorbringens nicht bei den Sprecher_innen, sondern in der Sprache und in den Normen zu suchen sei (hier also z. B. ‚Sie hat türkische Wurzeln.' ‚Ich habe italienische Wurzeln.'). Das „Annehmen" (und das Zuschreiben) einer Identität sei „eine Angelegenheit des" für die Reproduktion von Macht notwendigen ständigen „Wiederholens der Norm, des Zitierens oder mimetischen Nachahmens der Norm".[151]

Darüber hinaus hat Butler (zumindest in ihren zwischen 1988 und 1993 im Original publizierten Werken) mit Bezug auf Michel Foucaults Körperkonzept und die Phänomenologie Maurice Merleau-Pontys „den Prozeß der performativen Erzeugung von Identität als einen Prozeß von Verkörperung (embodiment)"[152] erklärt. Es geht also nicht einfach um Sprechakte, sondern um solche der Verkörperung, in denen sich – historisch veränderlich – „Identität *allererst* erzeugt"[153], wie Erika Fischer-Lichte es formuliert. Ich habe das Wort ‚allererst' selbst

151 Butler: *Körper von Gewicht*, S. 149–150.

152 Fischer-Lichte: *Ästhetik*, S. 38.

153 Ebd. Ein treffendes Beispiel für dieses „allererst" ist die mediale Aufregung um die ‚polnischen Wurzeln' der Bundeskanzlerin im März 2013 (also auch im Kontext des Bundestagswahlkampfs), weil einer ihrer Großväter aus Poznań stamme. Exemplarisch: kgi / AFP: Biograf enthüllt: Angela Merkel hat polnische Wurzeln. In: *stern*, 13.03.2013. http://www.stern.de/politik/deutschland/biograf-enthuellt-angela-merkel-hat-polnische-wurzeln-1983539.html (Zugriff am 11.07.2016). Damit erhielt Merkel in der deutschen (aber auch in der polnischen) Medienlandschaft unisono plötzlich eine teilweise ‚polnische Identität', die allerdings inzwischen längst wieder passé ist.

hervorgehoben, denn es markiert, dass sich hierbei kein bereits vorhandenes ‚inneres Wesen' durch Gesten oder Zeichen an der Körperoberfläche offenbart, sondern dass umgekehrt – wie auch Butler betont –

> die Akte, Gesten und Inszenierungen [...] den Effekt eines inneren Kerns [erzeugen]. Diese im Allgemeinen konstruierten Akte, Gesten und Inszenierungen erweisen sich insofern als performativ, als das Wesen oder die Identität, die sie angeblich zum Ausdruck bringen, vielmehr durch leibliche Zeichen und andere diskursive Mittel hergestellte und aufrechterhaltene Fabrikationen/Erfindungen sind [...].[154]

Da also etwa nach derartigen Konstruktionen ‚Südländer' bei der Kommunikation stark gestikulieren, können solche Gesten den Effekt von italienischen oder französischen ‚Wurzeln' erzeugen. Oder, um es mit einem letzten Beispiel zu erläutern: Wenn ein Fußballprofi als ‚Kölsche Jung mit angolanischen Wurzeln' vorgestellt wird, bleibt seine Hautfarbe sein Hauptkennzeichen – als ‚Nachweis' eines ‚inneren Kerns' –, bleibt er als Fremder *identifiziert*, er verkörpert das ‚Fremde'. Ob dieses ‚Fremde' als ‚Bereicherung' oder ‚Überfremdung', ‚Überforderung', ‚Bedrohung' wahrgenommen wird, definiert die Mehrheitsgesellschaft. Beim Racial Profiling durch die Bundespolizei in und um Bahnhöfe oder in Zügen werden solche ‚afrikanischen Wurzeln' zu Anhaltspunkten einer routinierten Unterstellung der ‚illegalen Einreise'. Solche ‚Wurzeln' können aber ebenso zu Ausweisen gewünschter ‚Fremdheit' innerhalb einer „theatralischen Performierung hybrider Stadträume"[155] werden, wie es Ha für den Berliner Karneval der Kulturen zeigt:

154 Butler: *Das Unbehagen*, S. 200. Die Verkörperung von Identität bzw. ihre „Aufführungsbedingungen", so Fischer-Lichte, sind dabei weder „komplett von der Gesellschaft determiniert" noch unterliegen sie der freien Wahl der Individuen. Letztere können die Bedingungen allerdings unterlaufen – „wenn auch um den Preis der gesellschaftlichen Sanktionen". (Fischer-Lichte: *Ästhetik*, S. 38–39.)

155 Ha: *Hype*, S. 103.

Außer sozio-ökonomischen Nutzeffekten wird durch die Einbindung von Migranten und Migrantinnen sowie *People of Color* auch eine kulturelle Repräsentation ermöglicht, die den Stadtraum theatralisiert und zu einer unwirklichen Welt des interkulturellen Happenings umwandelt. Seinen Reiz bezieht der Karneval durch die Exotisierung und Festivalisierung, die die deutsche Hauptstadt als Weltbühne bejubelt und durch die Inszenierung migrantischer Vielfalt als eine temporäre Zone der Kulturvermischung aufwertet.[156]

Im folgenden Teil werde ich mich mit aktuellen Entwicklungen unternehmerischer Städte beschäftigen: mit den Inszenierungen urbaner Vielfalt im Wettbewerb um finanziell potente Gruppen, den Konstruktionen städtischer Marketinglandschaften und hybrider Stadtlandschaften, mit einer umfangreichen Ästhetisierung des Urbanen innerhalb einer kulturalisierten Ökonomie und schließlich mit den Grenzen dieser Ästhetisierung.

156 Ebd.

Trans_Formationen

Urbane Öffnungen und Schließungen

> Transnationalität, ein neues Schlagwort für die Kulturwissenschaften, wird zunehmend und metaleptisch zum Synonym für die Wanderungsbewegung von Menschen. Die Umcodierung einer Veränderung des Zwecks von Kapital in einen kulturellen Wandel ist ein Angst einflößendes Symptom der Kulturwissenschaften, insbesondere der feministischen Kulturwissenschaften. Alles wird „kulturell" gemacht.[1]

Ganz Dekonstruktivistin verweist Gayatri Chakravorty Spivak hier pointiert auf den Gehalt an Macht in derartigen Umcodierungen. Mit Spivak gesprochen muss man nicht nur den Einfluss des transnationalen Kapitalismus auf kulturelle Verflechtungen reflektieren, sondern ebenfalls darauf, dass Konzepte der Transkulturalität zunehmend gesellschaftlich ernst genommen werden, und wie das auf sie zurückwirken könnte. Ähnlich wie beim Hybriden oszilliert die Vorsilbe ‚Trans' zwischen subversiven und affirmativen Zuschreibungen. Einerseits werden im Konzept der Transkulturalität, das Dorothee Kimmich und Schamma Schahadat als radikalen Paradigmenwechsel in den Kultur- und Sozialwissenschaften beschreiben, Kulturen als fluide, dynamisch und grenzüberschreitend begriffen.[2] Damit also werden Konstruktionen fixer und fixierter kultureller Identitäten unterlaufen und konterkariert. Andererseits verweist das Schlagwort der Transnationalität eben auf

1 Gayatri Chakravorty Spivak: *Kritik der postkolonialen Vernunft. Hin zu einer Geschichte der verrinnenden Gegenwart* [1999], aus d. Engl. v. Nadine Böhm-Schnitker / Doris Feldmann / Barbara Gabel Cunningham / Christian Krug / Andreas Nehring. Stuttgart: Kohlhammer 2014, S. 399.

2 Dorothee Kimmich / Schamma Schahadat: Einleitung. In: Dies. (Hrsg.): *Kulturen in Bewegung. Beiträge zur Theorie und Praxis der Transkulturalität.* Bielefeld: Transcript 2012, S. 7–24, hier S. 7.

eine gegenwärtige Form des Kapitalismus und hat Begriffe wie ‚transatlantischer Freihandel' usw. im semantischen Gepäck. Und transnationale Konzerne sind den Kulturwissenschaften gegenüber durchaus aufgeschlossen, ist es für sie doch verkaufsförderlich, wenn ihre Mitarbeiter_innen ‚fremde' Sprachen und Kulturen erlernen.[3]

In diesem Kontext ergeben sich zwei Fragen: Die erste beschäftigt sich mit dem Verhältnis von aktuellen Transkulturalitätskonzepten und aktuellen Formen des Othering mittels der Wurzelmetapher. Die zweite läuft auf die Verhältnisse zwischen Konzepten der Transkulturalität und -nationalität und einer transnationalen Ökonomie hinaus, dies, um schließlich aktuelle postfordistische Strukturen des Urbanen als neue Öffnungen und neue Schließungen zu thematisieren.

Schon vor rund 20 Jahren haben Nina Glick Schiller, Linda Basch und Cristina Blanc-Szanton die Begriffe des „Transnationalismus" und der „Transmigranten" in die Diskussion eingeführt.[4] Sie schreiben:

> Innerhalb ihres komplexen Netzes von sozialen Beziehungen schaffen und beziehen sich Transmigranten auf fluide und multiple Identitäten, die sowohl ihrer Heimat- als auch ihrer Siedlungsgesellschaft entspringen können. [...] Indem sie verschiedene ‚rassische', nationale und ethnische Identitäten bilden, sind Transmigranten in der Lage, Widerstand gegenüber den globalen politischen und ökonomischen Verhältnissen auszudrücken, denen sie ausgesetzt sind [...].[5]

„Transnationalismus" definieren die Autorinnen „als Produkt" eines gegenwärtigen globalen Kapitalismus und seiner Verwerfungen etwa im Globalen Süden, die zu einer verstärkten Migration geführt hätten.[6]

3 Vgl. Spivak: *Kritik*, S. 385.

4 Nina Glick Schiller / Linda Basch / Cristina Blanc-Szanton: Transnationalismus: Ein neuer analytischer Rahmen zum Verständnis von Migration. In: Heinz Kleger (Hrsg.): *Transnationale Staatsbürgerschaft*. Frankfurt am Main / New York: Campus 1997, S. 81–107, hier S. 81.

5 Ebd., S. 94.

6 Ebd., S. 90–91.

Ähnlich in der Periodisierung, aber auf einer anderen Beschreibungsebene hat der Philosoph Wolfgang Welsch betont, dass sein Konzept der „Transkulturalität“ gerade den gegenwärtigen globalisierten Verhältnissen gerecht werde.[7] Zurückgehend auf Johann Gottfried Herder würden Kulturen in der (Früh-)Moderne als in sich geschlossene Kugeln oder Inseln mit einem „interne[n] Homogenitätsgebot und ein[em] externe[n] Abgrenzungsgebot“ wahrgenommen und konstruiert.[8] Auch heute gängige Konzepte der Inter- oder Multikulturalität, so Welsch, beruhten noch immer auf diesem Kugelmodell und gingen von in sich geschlossenen Teilkulturen aus.[9] Das oben gezeigte in Deutschland populäre Hybridverständnis lässt sich hier zweifellos wiedererkennen. Das Leitbild der Transkulturalität dagegen ist das „von Geflechten“[10], die nicht nur gesellschaftlich, sondern auch in den Individuen selbst angelegt seien.[11] Welsch schreibt: „Wir sind kulturelle Mischlinge, [...] durch *mehrere* kulturelle Herkünfte und Verbindungen bestimmt“.[12] Das scheine zwar historisch schon immer „eher die Regel gewesen zu sein“[13], allerdings seien die kulturellen Durchdringungen heute infolge globalisierter Strukturen auf allen Ebenen der Kultur und der Alltagsroutinen „weltweit stärker, als je zuvor“ ausgebildet.[14]

Wie passt dieses gegenwärtige Konzept des Dynamischen und der wechselseitigen kulturellen Verflechtungen und Durchdringungen zu den ebenfalls gegenwärtigen Fixierungen durch ‚Wurzeln‘? Anders gefragt: Haben Trans*kulturalitäts*konzepte diesen Fixierungen etwas entgegen zu setzen? Betrachtet man

7 Wolfgang Welsch: Was ist eigentlich Transkulturalität? In: Kimmich / Schahadat (Hrsg.): *Kulturen in Bewegung*, S. 25–40, hier S. 26.

8 Ebd., S. 27.

9 Ebd.

10 Ebd., S. 28.

11 Ebd., S. 30.

12 Ebd.

13 Ebd., S. 33.

14 Ebd., S. 35.

die Betonung der „kulturelle[n] Herkünfte“ bei Welsch, scheint diesen Herkünften und ihren ‚Prägungen‘ eine erhebliche Rolle zuzukommen. Es scheint sogar möglich, letztlich so etwas wie ‚Ursprünglichkeiten‘ darin zu entdecken. Dann aber könnte hier – womöglich entgegen der Intentionen Welschs – die Differenz zu aktuellen Grenzziehungen und -verfestigungen durch Re-Essentialisierungen, wie sie sich in metaphorischen ‚Wurzeln‘ zeigen, unscharf werden.

Zwar hebt Welsch hervor, dass „Identitätsbildung niemals im Modus freier Wahl“[15] erfolge, sondern immer mit ökonomisch-politischen Machtprozessen verbunden sei: Sein Angelpunkt bleibt aber die Kultur. Und hier liegt das Problem. Das sehen offenbar auch Kimmich und Schahadat, wenn sie fragen, „ob es nicht das Konzept ‚Kultur‘ selbst ist, das man aufgeben muss“[16]. Denn auch Transkulturalität fokussiert logischerweise auf Kultur, ist damit nicht vor Kulturalisierungen gefeit und kann so dazu beitragen, soziale Strukturen und Konstruktionen außer Acht zu lassen bzw. unsichtbar zu machen.

Es kommt hinzu, dass „Trans_Konzepte“[17] ganz ähnlich dem Hybridbegriff gegen das Binäre, das Dichotomische gerichtet sind. Diese Kategorien können damit unterlaufen und zweifellos ins Trudeln gebracht werden. Dieser wünschenswerte Effekt richtet sich aber durchaus nicht gegen die Kategorien des Hierarchischen und des Hegemonialen.[18] Man kann auch sagen: „Transgressive Akte bilden [...] kein Außen der Macht.“[19] Was Ivo Ritzer unter Berufung auf Foucault für vermeintliche Tabubrüche im Fernsehen feststellt, ist allgemein gültig. Wenn

15 Welsch: Was ist eigentlich Transkulturalität?, S. 36.

16 Kimmich / Schahadat: Einleitung, S. 15.

17 Ich übernehme diese sinnvolle Schreibweise vom Titel der Tagung „Grenzen der Trans_Konzepte – Zur Leistungsfähigkeit subversiver Identitätsvorstellungen“, die vom 17. bis 19. April 2015 in Tübingen stattfand.

18 Vgl. hierzu S. 87 in diesem Buch.

19 Ivo Ritzer: Medienkultur, Transgression, Affekt. Zu Tabubrüchen in Fernsehserien. In: *Indes. Zeitschrift für Politik und Gesellschaft* 2 (2014), S. 30–38, hier S. 38.

Macht „von überall herkommt“ und das Begehren einschließt, dann sind auch Überschreitungen „der Macht immanent“; transgressiv, so Ritzer, sei „nur die Funktionsweise des Kapitals, das alle Grenzen überwindet, die der Ästhetik, des Geschmacks und der Legitimation“.[20] Das verlangt zwangsläufig nach ständigen Neuverhandlungen der Frage, was dann (noch) subversiv sein kann.

Ein Hauptmerkmal des postfordistischen Kapitalismus ist *Flexibilität*. Flexibel sind die Weisen der Akkumulation, der Wertanhäufung und -schöpfung. Flexibel und transnational werden unterschiedliche Standorte genutzt, flexibilisiert sind die Produktionsregime und -abläufe. Flexibel müssen vor allem die Beschäftigten sein. Alles hat sich verflüssigt, es strömt pausenlos – zumindest in den Erzählungen dieser Ökonomie – und das ist unbedingt erwünscht. Kapital, Waren, Transaktionen, Daten, Informationen usw. strömen unablässig ungehindert überall hin, Staaten- wie Stadtgrenzen werden verflüssigt. Zugleich werden ‚Menschenströme‘, ‚Flüchtlingsströme‘ zumal, wieder zunehmend strikteren Grenzregimen ausgesetzt.

Auf der metaphorischen Ebene sind die ‚Ströme‘ der Waren usw. überaus positiv konnotiert. Sie durchdringen und beleben, sie bewegen und halten am Laufen (wie Bewässerungsanlagen oder elektrischer Strom). Bei ‚Flüchtlingsströmen‘ ist das umgekehrt. Sie erscheinen als Naturkatastrophen, die stören und Zerstörung androhen oder bringen. Migrant_innen, besonders Geflüchtete oder Geduldete in Deutschland (und weiterhin in der EU) sind dann auch Grenzen ausgesetzt, die sich gleichsam wie konzentrische Kreise um sie legen: Grenzen durch monate- oder jahrelange Unterbringung in oft abgelegenen Heimen und Lagern, durch eine Residenzpflicht, die ihre Bewegungsfreiheit auf einen Bezirk oder ein Bundesland einschränkt. Ab 1. Januar 2015 wurde diese Pflicht zwar gelockert, im Zuge des Asylpakets II seit März 2016 aber wieder verschärft. Seit 1993 gilt der Artikel 16a des Grundgesetzes,

20 Ebd.

'Politisch Verfolgte genießen Asylrecht', eigentlich faktisch nicht mehr, weil nach der Dublin II-Verordnung niemand legal über EU-Mitgliedsstaaten und andere 'sichere Drittstaaten' einreisen darf. Deutschland ist komplett umringt von solchen Staaten. Der Luftweg endet im Flughafenverfahren in Frankfurt am Main. Hier gilt das Konstrukt der Exterritorialität – die Menschen sind offiziell 'nicht eingereist' in die Bundesrepublik. Die Bundespolizei fahndet per Racial Profiling nach 'illegal Eingereisten'. Und es droht Abschiebehaft. Zur Einreise in die EU wird meist ein Visum benötigt, das Geflüchtete nicht erhalten. Das zwingt sie zur 'illegalen Einreise' durch die abgeschotteten Außengrenzen der EU, häufig mit tödlichem Ausgang, denn hier setzt die Grenzschutzagentur Frontex Tag und Nacht „modernste Überwachungstechnik, Schnellboote, Hubschrauber, Drohnen, Kriegsschiffe"[21] ein, hier wird versucht, mit bis zu sechs Meter hohen Widerhakensperrdrahtzäunen und nicht zuletzt mit dem elektronisch-biometrischen Programm Smart Borders die Menschen fernzuhalten. Dem kurzzeitigen Aussetzen des Dublin II-Regimes seit September 2015, mit dem Hunderttausende Geflüchtete (zunächst) in Deutschland einreisen konnten, folgte schnell ein Aussetzen des Schengen-Abkommens, wodurch Grenzkontrollen wieder möglich wurden. Die weiteren Reaktionen auf Flucht und Migration bestehen in immer neuen Versuchen der Abschottung: Der Errichtung von Grenzzäunen innerhalb der EU und dem 'Schließen der Balkanroute', dem Deal mit der Türkei zur Rücknahme Geflüchteter, der Einstufung der Maghrebstaaten als 'sichere Herkunftsländer' (trotz der dortigen Menschenrechtsverletzungen), den Verhandlungen mit autoritären afrikanischen Regimen zur Rücknahme Geflüchteter...

Zugleich werden Menschen weiter ihr Recht auf selbstbestimmte Migration wahrnehmen. Die Versuche, all diese Grenzen zu unterlaufen, werden schon deshalb nicht aufhören, weil

21 Festung Europa. https://www.proasyl.de/thema/festung-europa/ (Zugriff am 28.07.2016).

die Gründe zur Flucht nicht enden. Die Versuche der Abschottung werden aber weiter (und wohl zunehmend) Opfer fordern und Illegalisierungen produzieren.

In ihren Überlegungen zu Ethnisierung und Gouvernementalität beschreibt Encarnación Gutiérrez Rodriguez „die paradoxe Figur des Ausländers als staatliches Regulativ", die „auf zwei gleichzeitige ungleichzeitige Momente" verweise.[22] Einerseits verwandeln all die Verflüssigungen der Grenzen „alte Differenzsysteme wie Ethnizität und Geschlecht" in hinfällige „Relikte der Moderne", andererseits kommt es zur „Perpetuierung und Reaktivierung" dieser Differenzsysteme und zur (auch militarisierten) Abriegelung territorialer Grenzen.[23] In der Ausländerfigur überlappen sich zwei konträre Weisen des ‚postmodernen' Regierens: die Deregulierung und Überschreitung nationalstaatlicher Souveränität mit dem Beharren auf eben dieser nationalstaatlichen Souveränität, die „nun transnational vernetzt" neue Kontroll- und Überwachungspraktiken einführt.[24]

Migrant_innen ohne Papiere oder (abgelehnte) Asylbwerber_innen befinden sich in einem permanenten „Transitstatus"[25]. Das kann ein „völlige[s] Verschwinden im Raum der aufgezwungenen Illegalität" bedeuten, „einem Ort der Autonomie, in dem die Tücken der Rechtlosigkeit sich mit dem ständigen Versuch der Transgression der juridischen und alltäglichen Grenzen, die die Existenz- und Subsistenzweise diktieren, verbindet".[26] Demgegenüber steht der legalisierte Weg einer „Integration in das *Ausländerdasein*"[27], nicht selten verbunden mit einem Nischendasein innerhalb der Gruppe der *„neuen*

22 Encarnación Gutiérrez Rodriguez: Gouvernementalität und die Ethnisierung des Sozialen. Migration, Arbeit und Biopolitik. In: Dies. / Marianne Pieper (Hrsg.): *Gouvernementalität. Ein sozialwissenschaftliches Konzept in Anschluss an Foucault*. Frankfurt am Main / New York: Campus 2003, S. 161–178, hier S. 162.

23 Ebd.

24 Ebd.

25 Ebd., S. 175.

26 Ebd.

27 Ebd. (Herv. i. Orig.)

UnternehmerInnen“[28]. Dass dieses Nischendasein oft eine Folge „subtile[r] rassistische[r] Ausschließungen [...] auf dem Arbeitsmarkt“ ist, verschwindet hinter „rhetorischen Formeln von *Flexibilisierungen* und *Unternehmergeist*“.[29] „*Ethnizität* fungiert“ in dieser Hinsicht „als Markierung des sozialen Körpers, der sich als *rassifizierte oder ethnisierte Metapher* beziehungsweise Wertgröße in die Logik des freien Marktes einfügt“.[30]
Was für ‚Ethnizität‘ gilt, kann unter den Vorzeichen des Markts ebenso für ausdrücklich Transkulturelles (das sich ja eigentlich der Ethnisierung widersetzt) gelten: als Bereicherung eines kulturalisierten Kapitalismus zu erscheinen. Zugespitzt gesagt werden dann Formen der *nouvelle cuisine* – der Fusionen unterschiedlicher ‚nationaler Küchen‘, der bildenden Kunst, der Literatur und Musik, zu Bestandteilen einer attraktiven Stadtlandschaft, einer Marketinglandschaft im postfordistischen Wettbewerb der Städte. Fremdmarkierungen (und Transmarkierungen) spielen hier eine wesentliche Rolle innerhalb einer Vielfalt, die man mit Andreas Reckwitz als strategische Ästhetisierung des Urbanen bezeichnen kann.[31]
Als Urheber dieser Ästhetisierung wird gern der amerikanische Ökonom Richard Florida genannt. Er lässt sich als Mastermind postfordistischer – unternehmerischer – Stadtentwicklung bezeichnen. Seine Thesen zur überragenden Bedeutung der *creative class* für ökonomisches Wachstum dienen auch in der ‚Europäischen Stadt‘ als Blaupausen.[32] Das Kreative deutet es schon an: Postfordistische (Stadt-)Strukturen sind durchaus offen für ehemals oppositionelle, postmaterialistische Positionen und Strategien, die sich transformiert einfügen lassen in einen veränderten Begründungszusammenhang. Ich werde das vor allem im Kapitel über hybride Stadtlandschaften

28 Rodriguez: Gouvernementalität, S. 176. (Herv. i. Orig.)

29 Ebd. (Herv. i. Orig.)

30 Ebd. (Herv. i. Orig.)

31 Vgl. Andreas Reckwitz: *Die Erfindung der Kreativität. Zum Prozess gesellschaftlicher Ästhetisierung*. Berlin: Suhrkamp 2012.

32 Vgl. Richard Florida: *The Rise of the Creative Class. And How It’s Transforming Work, Leisure, Community and Everyday Life*. New York: Basic 2002.

thematisieren. Solche Hybridräume sind etwa gekennzeichnet durch partielle urbane ‚Wildnisse', durch spontan bewaldete Brachflächen oder durch die Anwesenheit von Wildtieren. Daran sind auch Neophyten und Neozoen beteiligt. Sie sind ebenso gekennzeichnet durch Urban Villages (hochpreisige geschlossene und oft bewachte Quartiere) und die von Basisaktivist_innen betriebenen Räume des Urban Gardening. In ihnen materialisieren sich jeweils politisch und gesellschaftlich entgegengesetzte Pole, was zeigt, dass Stadtlandhybride auch umkämpfte Landschaften sind (was aber aus der Perspektive des Stadtmarketings noch eine andere Pointe erhält). Hier wird ebenso schlaglichtartig deutlich, dass in postfordistischen Städten urbane Verflüssigungen immer auch auf neue urbane Grenzen treffen.

Eine umfangreiche Ästhetisierung des Urbanen ist desgleichen regelmäßig mit Formen der Abgrenzung verbunden. Das werde ich in den beiden letzten Kapiteln behandeln. Das Ökosystem Stadt kann nämlich in seiner metaphorischen Verwendung zum Angelpunkt von Ab- und Ausgrenzung werden. Ausgehend von der Leitmetapher *city as ecosystem* – geprägt durch die Chicago School – möchte ich abschließend nachzeichnen, wie auch mittels Zirkelschlüssen auf Theorien der Ökologie und der Invasionsbiologie aus Quartieren der Einwanderung das ‚Andere' der zur Marketinglandschaft ästhetisierten Stadt werden kann.

1. Die unternehmerische Stadt und ihre Marketinglandschaft

Fand im Fordismus Wettbewerb noch „zwischen Nationen statt", während „der nationale Raum […] von Ausgleich bestimmt" war,[33] haben sich die Verhältnisse im Postfordismus signifikant verändert. Nun herrscht ein allfälliger, nationaler wie internationaler Wettbewerb zwischen den Städten. Konsequenterweise werden diese Städte nun als Unternehmen

33 Christa Kamleithner: „Regieren durch Community": Neoliberale Formen der Stadtplanung. In: Matthias Drilling / Olaf Schnur (Hrsg.): *Governance der Quartiersentwicklung. Theoretische und praktische Zugänge zu neuen Steuerungsformen*. Wiesbaden: VS 2009, S. 29–47, hier S. 37.

definiert und handeln auch so, wie sich vielfach belegen lässt. Ihre Etats und Buchführungen sind in Deutschland nach BWL-Maßgaben transformiert. Sie operieren mit Produktkennzahlen, Benchmarking und Best-Practice-Vergleichen. Sie sind zu einer zentralen Klientel von Unternehmensberater_innen geworden und müssen sich permanent in Rankings bewähren. Sie entwickeln Managementstrategien und Verkaufsstorys. Und selbstverständlich sind unternehmerische Städte kund_innenorientierte. Es sind diese Kund_innen – Investor_innen, Dienstleistungsunternehmen, prosperierende Haushalte und Tourist_innen –, um deren Bindung und Neuansiedlung sich der Wettbewerb dreht. Städte erhoffen sich so die Erwirtschaftung von Renditen: Imagegewinne, die Schaffung von Arbeitsplätzen und steigende Steuereinnahmen.[34]
Diese Entwicklung zeigt sich ebenso in einer Festivalisierung von Stadtpolitik durch – vor allem kulturelle – Großevents und Großbauprojekte oder durch Medienpräsenz. Feste Bestandteile einer neuen Stadtpolitik sind zudem Privatisierungen und Kommodifizierungen des öffentlichen Raums, öffentlicher Güter und Einrichtungen, ein tendenzieller Wandel von einer Mieter_innen-Stadt zu einer Eigentümer_innen-Stadt und der Einsatz räumlicher Kontrollstrategien und Exklusionspraktiken, durchgeführt von kommunalen Ordnungsdiensten und/oder privaten Sicherheitsdiensten.[35]

34 Vgl. Marcus Termeer: *Münster als Marke. Die „lebenswerteste Stadt der Welt", die Ökonomie der Symbole und ihre Vorgeschichte*. Münster: Westfälisches Dampfboot 2010, S. 50–68. Ein Beispiel für Adaptionen unternehmerischer Produktionsstrategien lieferte das Amt für Grünflächen, Umwelt und Nachhaltigkeit der Stadt Münster. In einem Pilotprojekt mit dem Namen „OptiMa – Optimierung durch Mitarbeiterinnen und Mitarbeiter" würden „die Mitarbeiter dazu an[ge]spornt, Abläufe in ihrem direkten Arbeitsumfeld zu verbessern", heißt es in einer Pressemitteilung vom 26. Oktober 2015. „Vorbilder" hierfür seien „Ansätze in der Automobilwirtschaft zur Optimierung von Arbeits- und Geschäftsprozessen". Presseamt Münster: „OptiMa": Mitarbeiter verbessern Arbeitsprozesse. http://www.muenster.de/stadt/presseservice/custom/news/show/920138 (Zugriff am 26.07.2016).

35 Vgl. Susanne Heeg / Marit Rosol: Neoliberale Stadtpolitik im globalen Kontext. Ein Überblick. In: *Prokla* 149 (2007): Globalisierung und Spaltung in den Städten, S. 491–509, hier S. 494–496.

Die vergleichsweise starren Grenzen der funktionalen Stadt des Fordismus weichen nicht nur tendenziell den beschriebenen Deregulierungen, es sind nun auch bestimmte ‚Verflüssigungen' dieser Grenzen innerhalb städtischer Marketinglandschaften und Hybridisierungen möglich. Andererseits entstehen hierbei neue Schließungen, eingeführt etwa mit den schon angesprochenen territorialen Kontrollstrategien. Hierunter fallen etwa Business Improvement Districts (BIDs), privat-öffentliche Einrichtungen zum zentralen Management von Innenstadtquartieren, in denen Gewerbetreibende als maßgebende Akteure der Entwicklung und Gestaltung des öffentlichen Raums auftreten. Solche Öffnungen „traditionelle[r] Grenzen zwischen hoheitlich-öffentlicher und privater Sphäre"[36] bedeuten gleichzeitig die Konstruktion neuer Grenzen. BIDs zeigen tendenziell Strukturen von Shopping Malls mit ihren verkaufspsychologisch gelenkten, vorstrukturierten Wegen und überwachten Hausordnungen, in denen Konsum als alleiniger Aufenthaltszweck vorgesehen ist.

Unternehmensberater_innen und Investor_innen versichern den Stadtverwaltungen eine ‚Renaissance der Innenstadt' zugunsten prosperierender Bevölkerungsschichten, verbunden mit der – erfolgreichen – Mahnung, diesen Trend im internationalen Städtewettbewerb nicht zu verpassen. Gefordert wird immer wieder die Realisierung hochpreisigen Wohnens etwa in exklusiven Townhouses und damit zugleich recht offen die Verdrängung bezahlbaren Wohnraums und ‚sozial schwacher' Einwohner_innen aus den Innenstädten.[37] Wie stark der Trend zum hochpreisigen Wohnen ist, kann das Beispiel Offenbach zeigen. Die Stadt im Schatten Frankfurts, regiert von SPD, Grünen und Freien Wählern, leistet sich seit einiger Zeit quasi eine Gentrifizierungsmanagerin. „In Offenbach fehlt der

36 Robert Pütz: Business Improvement District. In: Nadine Marquardt / Verena Schreiber (Hrsg.): *Ortsregister. Ein Glossar zu Räumen der Gegenwart*. Bielefeld: Transcript 2012, S. 50–56, hier S. 50–52.

37 Vgl. Termeer: *Münster*, S. 16–17.

teurere Wohnraum"[38], wird sie im Herbst 2014 in der *FR* zitiert. Nicht mehr Arme, Arbeitslose oder Migrant_innen sollen demnach das Stadtbild prägen, sondern wohlhabende Haushalte. Zur Verwirklichung dieses Plans dient hier ein inzwischen sehr übliches Szenario: Teures Wohnen am Wasser, auf dem Areal des Stadthafens. Solche Verbindungen von Wasser, architektonischen ‚Leuchttürmen', sanierten Speicherhäusern usw. und hochpreisigem Wohnen nach dem Vorbild der Londoner Docklands gelten innerhalb der kapitalistischen Symbolökonomie als besonders prestigeträchtig. Innerhalb des Trends zu hochpreisigem Wohnen zeichnet sich zunehmend eine Zitadellenkultur ab: abgeschottete, ebenso exklusive wie exkludierende Komplexe, eingezäunte oder anderweitig abgegrenzte Anlagen oder ganze Quartiere aus Stadtvillen und Townhouses oder Luxuswohnhäuser und -türme mit Apartments und Lofts, die als Gated Communities, Gated Areas, Premium Quartiere, Residences, Stadtpalais usw. vermarktet werden. Allen gemein ist, dass sie nur durch Lobbys betretbar sind, in denen Concierges und/oder Doormen für die Sicherheit und den Service sorgen.[39]

Wenn Christa Kamleithner feststellt: „Der Wettbewerb prägt die postfordistische räumliche Struktur, und er wird nicht nur von Marktgesetzen, sondern auch von Politik und Planung maßgeblich bestimmt"[40], dann trifft das auch auf die Produktionen von Atmosphäre und urbaner Attraktivität zu. In den Theorien Richard Floridas verbinden sich „Thick Labor Markets" mit „Lifestyle", „Social Interaction", „Diversity", „Authenticity", „Identity" und „Quality of Place".[41] Ein weiteres wesentliches Kennzeichen unternehmerischer Stadtpolitik ist daher die auf die von Florida beschworene Kreativwirtschaft gestützte

38 Claus-Jürgen Göpfert: Daniela Matha. Eine Frau baut Offenbach um. Die Managerin treibt den Wandel voran – für begüterte Einwohner und höhere Mieten. In: *FR*, 28.10.2014, S. D6–D7, hier S. D6.

39 Vgl. Termeer: *Münster*, S. 73–81.

40 Kamleithner: Regieren, S. 37.

41 Florida: *Rise*, S. 223–234.

Transformation städtischer Räume in Marketinglandschaften zur strategischen Positionierung im Wettbewerb um die oben genannten finanziell potenten Zielgruppen. Städte werden so zu Bühnen für die gehobenen Wohn-, Konsum- und Freizeitbedürfnisse prosperierender Mittelschichten. Man kann ebenso von paradoxen Entwürfen „urbane[r] Oasen“ sprechen, in denen „Aufregung, Abwechslung und Vielfalt“ garantiert werden, „ohne dass dies mit Unerwartetem, Unkontrolliertem oder Unsicherem einher gehen soll“.[42]

Die Konzentration auf die Bedürfnisse Wohlhabender wird gerechtfertigt mit der Theorie des *trickle down*, also damit, dass etwas vom vor allem durch die Kreativwirtschaft generierten Wachstum langsam und verzögert nach ‚unten‘ herabtropft. Mit anderen Worten: Auch die Menschen mit den prekären und/oder befristeten Jobs, die Klein- und Kleinstverdiener_innen – oft handelt es sich hierbei um Menschen mit ‚Migrations(vor)geschichten‘, die hinter den attraktiven Fassaden, z. B. in der Gastronomie, beschäftigt sind – sollen am Ende bescheiden profitieren. Allerdings: Inzwischen musste Richard Florida laut Werner Girgert selbst einräumen, „dass sich die Schere zwischen Arm und Reich gerade dort weiter öffnet, wo sich die Kreativwirtschaft konzentriert“[43]. Die kritische Stadtforschung hat das schon länger so gesehen.

Menschen mit ‚fremden Wurzeln‘ in hybriden Stadtlandschaften: In den urbanen Marketinglandschaften des Postfordismus treffen im Namen von Authentizität, Diversität, Identität und Lifestyle Räume (warenförmiger) kultureller Hybridisierung auf Manifestationen der Hochkultur, auf Traditionen und

42 Henning Füller / Nadine Marquardt / Georg Glasze / Robert Pütz: Urbanität nach exklusivem Rezept. Die Ausdeutung des Städtischen durch hochpreisige Immobilienprojekte in Berlin und Los Angeles. In: *sub\urban. zeitschrift für kritische stadtforschung* 1,1 (2013), S. 31–48, hier S. 37. http://www.zeitschrift-suburban.de/sys/index.php/suburban/article/view/3 (Zugriff am 12.07.2016).

43 Werner Girgert: Erfolgsrezept mit Schönheitsfehlern. Einst versprach Richard Florida den Städten großen Reichtum durch die Kreativwirtschaft. Jetzt korrigiert er sich. In: *FR*, 09.04.2013, S. 35.

erfundene Traditionen, Konsumräume, historische Bebauung und neu errichtete *signature architecture*, auf Räume urbaner Verflüssigungen wie subkulturell (zwischen-)genutzte Brachen und Industrieruinen, improvisierte und ephemere Orte der Partykultur oder Stadtlandhybride. Die Akteur_innen sozialer und kultureller Hybridisierungen bewegen sich in diesen Strukturen unter der Maxime des Andersseins zwischen Selbstermächtigung und Zwang zur Erklärung der ‚Herkunft', zwischen politischem Aktivismus und unternehmerischem Nischendasein oder prekärer Beschäftigung, zwischen Fremdwahrnehmungen von Bereicherung, Inszenierungen von Weltoffenheit im Stadtmarketing und Fremdwahrnehmungen von Überfremdung. Im Zusammentreffen sozialer und stadträumlicher Hybridisierungen kommt hier noch einmal eine andere Perspektive hinzu. Das Ineinanderübergehen städtischer und landschaftlicher Strukturen dient der Ästhetisierung und Ökologisierung. Solchen realen Naturalisierungen des Urbanen stehen aber, wie schon angesprochen, metaphorische gegenüber. Metaphern der Stadt als Ökosystem können Ähnlichkeiten produzieren, in denen Quartiere zu von Invasionen bedrohten oder bereits eingenommenen Biotopen werden.

Ob mit oder ohne Wurzelzuschreibungen: Es sind immer wieder die Angehörigen der von Richard Floridas ausgerufenen *creative class*, die vielfältige und atmosphärisch attraktive Stadtlandschaften produzieren: Architekt_innen und Landschaftsarchitekt_innen, Designer_innen, ebenso Künstler_innen, Kurator_innen und Galerist_innen oder Betreiber_innen subkultureller Diskotheken, von Theatern und Off-Theatern.[44] Aber sie sind es nicht allein. Zur aktuellen Stadtpolitik zählen desweiteren neue Formen der Aushandlung, der Governance. Diese partielle Abkehr von staatlichen „hierarchisch-anordnende[n] Form[en] des Regierens" zugunsten einer „pluralistischen, horizontalen und netzwerkförmigen" Steuerung durch Aushandlungen zwischen (lokalen) Regierungen, Wirtschaftsverbänden

44 Dass diese Mitarbeit auch oft wider Willen geschieht, werde ich im nächsten Kapitel thematisieren.

und NGOs hat allerdings einen Haken: Sie blendet reale Machtasymmetrien aus.[45] Zugleich kann Governance als „Einbindung der Zivilgesellschaft“ darauf hinauslaufen, Bürger_innen „zu ‚Angestellten‘ des ‚Unternehmens Stadt‘ zu machen“.[46] Etwa wenn städtische „Identität als Ressource“[47] im Wettbewerb definiert wird. In dieser Perspektive werden bürger_innenbeteiligte ‚Werkstätten‘ zur Stadtentwicklung und ihren Leitbildern immer zugleich als Stadtmarketing und Inwertsetzung urbaner Räume verstanden.[48] Zudem appellieren Imagekampagnen wie „*be* Berlin“ an die Mitarbeit der Bürger_innen beim „Standortmarketing“.[49]

Eine Art Mitarbeit der Bürger_innen lässt sich nicht zuletzt bei der Produktion von Marketinglandschaften beobachten – auch ganz ohne Appelle. So beim Konsum des Stadtbilds, bei dem die Konsument_innen selbst Bestandteile der Verwertungskette werden. Das gilt besonders für urbane Räume, die Bedeutungsüberschüsse zum normalen Alltag produzieren, hybride Räume wie etwa Stadtstrände. Sie stehen für einen posttouristischen Konsum der Stadt, der sich zugleich selbst ironisiert.[50] Gleichzeitig zeigt sich hier beispielhaft ein Dilemma des Städtewettbewerbs im Zeichen der kapitalistischen Symbolökonomie: Einerseits müssen Stadtlandschaften unbedingt Alleinstellungsmerkmale aufweisen, andererseits aber immer wieder ähnlich sein in der vorgeblich erfolgreichen Ausstattung. Nach der Entstehung des ersten Stadtstrands 2002 in Paris haben sich derartige Einrichtungen auch in Deutschland rasant vermehrt, bis hin zu Städten wie Würzburg oder gar Wertheim. Unter dieser Vermehrung dürften dann allerdings die Bedeutungsüberschüsse leiden.

45 Heeg / Rosol: Neoliberale Stadtpolitik, S. 493–494.

46 Kamleithner: Regieren, S. 40.

47 Ebd., S. 39.

48 Vgl. Termeer: *Münster*, S. 42–50.

49 be Berlin: Kampagnenjahre 2008–2013. 5 Jahre Standortmarketing. http://www.sei.berlin.de/kampagne/kampagnenjahre (Zugriff am 12.07.2016).

50 Vgl. Termeer: *Münster*, S. 124–127.

2. Zwischen Urban Villages, Urban Gardening und ‚Wildnis': Was ist eine hybride Stadtlandschaft?

Auf dem Dach des schmalen Gründerzeithauses im Vordergrund wächst ein Wäldchen. Durch die offenen Fenster im dritten Stock sind Cannabispflanzen zu erkennen. Im Parterre ist das Café Sandinista. Durch das Haus führt eine Hochbahntrasse. Auch sie ist mit niedrigen Pflanzen bewachsen. Über dem Geländer hängt ein Transparent: „Wer hilft uns bei der Müsli-Ernte? Barbara bescheid sagen!"[51] Ein rauschender Bach schlängelt sich durchs Bild. Die breiten Ufer sind üppig grün: Wiesen, Blumen, Büsche, (Obst-)Bäume und Fliegenpilze wachsen hier. Aber auch Kakteen. Das Café Kranzler heißt jetzt Hotel California, die Dachterrasse zieren Palmen und Sonnenschirme. Auf der Gedächtniskirche thront ein Turmhelm in Form einer rot-gelb geringelten Zuckertüte. Der Büroturm des Europa-Center ist als Luftpostpaket verpackt. Im Kreis auf dem Dach fehlt der Mercedesstern. Im Hintergrund rechts hält der Fernsehturm am Alexanderplatz einen Hammer und einen Schraubenschlüssel in Händen. Eine gebratene Gans fliegt am Himmel...

Berliner Zukunft von 1981. Die Szene spielt in Gerhard Seyfrieds Comic *Invasion aus dem Alltag.* Zwei Anarchas und drei Anarchos spinnen nach dem Genuss eines „Irrsinnsdope[s])" aus, „wo das alles enden soll".[52] Das Bild zeigt die optimistische Version.

Seyfrieds szeneinterne Satire schmückt einen wesentlichen Aspekt links-alternativer Utopie aus: das Aufbrechen fordistischer Stadtstrukturen durch den Einbruch von Natur, von Landschaft. Zugleich fällt der direkte Bezug zu Ernest Callenbachs Roman *Ökotopia* ins Auge, der drei Jahre zuvor in deutscher Übersetzung im selben Verlag erschien. Callenbachs

51 Gerhard Seyfried: *Invasion aus dem Alltag.* Berlin-West: Rotbuch 1981, S. 46–47.

52 Ebd., S. 38–39.

Abb. 4: Hybride Stadtlandschaft als links-alternative Utopie, 1981. (Gerhard Seyfried: *Invasion aus dem Alltag*).

Ich-Erzähler schildert die „ländliche Atmosphäre des neuen San Francisco“[53] im fiktiven Jahr 1999:

> So sieht man nun an dieser Hauptstraße [der Market Street; M. T.] eine reizende Folge kleiner plätschernder und gurgelnder Wasserfälle und Kanäle, die von Felsen, Bäumen, Bambus und Farnkräutern gesäumt werden. [...] Da praktisch die gesamte Straße „Bürgersteig“ ist, muß sich niemand über Hindernisse auf seinem Weg ärgern – auch nicht über Löcher im Pflaster, die überall, wo sie sich zeigen, mit Blumen bepflanzt werden.[54]

Selbst die Züge seien „mit allerlei Grünzeug, mit einer Fülle von hängenden Farnen und kleinen Pflanzen“[55] ausgestattet.

Pläne zur Realisierung eines subsistenzwirtschaftlichen urbanen Lebens im Einklang mit der Natur als Gegenbild zur funktionalen Stadt der kapitalistischen Moderne gibt es auch. So

53 Ernest Callenbach: *Ökotopia. Notizen und Reportagen von William Weston aus dem Jahre 1999* [1975], aus d. Amerik. v. Ursula Clemeur / Reinhard Merker. Berlin-West: Rotbuch 1978, S. 19.

54 Ebd.

55 Ebd., S. 13.

schreibt Annelie Schliecker in ihrem Beitrag „Alternative und Feministische Architektur" im von Klaus-Jürgen Scherer und Fritz Vilmar 1984 in bereits dritter Auflage herausgegebenen Band *Perspektiven des Ökosozialismus*:

> Die Stadtteile werden ringsherum und zwischendurch durch Grünanlagen „aufgelockert". Die Grünanlagen bestehen aus wild wachsenden Pflanzen und Bäumen, es gibt aber auch Gärten und Gemüse- und Obstanbaugebiete. Viele Bewohner versuchen so weit wie möglich Selbstversorgung zu betreiben. Innerhalb der Grünflächen befinden sich Seen und Teiche. [...] Die Stadt liegt eingebettet im Grünen. Durch die z. T. bewachsenen Häuser, durch die Vielfalt der Architektur [...] integriert sich diese Stadt harmonisch in die sie umgebene [*sic!*] Landschaft.[56]

Die Überschrift zum Kapitel, aus dem das Zitat stammt, lautet „Ökotopia" (wenn auch ohne ausdrücklichen Hinweis auf Callenbach).

Solche Szenarien werden inzwischen als hybride Stadtlandschaften diskutiert. Das allerdings weniger auf der Ebene der Entwürfe oder Utopien, sondern vielmehr als zunehmende urbane Realität – und zwar innerhalb des gegenwärtigen Kapitalismus. Hierbei fließen oft ehemals links-alternative Ideen urbaner Hybridisierungen ein, transformiert in derzeitige Trends einer ‚Renaissance der Innenstadt' zugunsten wirtschaftlich prosperierender Haushalte. Zugleich aber sind hybride Stadtlandschaften durchaus umkämpft zwischen den exemplarischen Polen eines aktivistischen Urban Gardening oder Guerilla Gardening und Formen hochpreisigen abgeschotteten Wohnens in Urban Villages. Bevor ich das näher beleuchte, möchte ich aber noch weiter auf die links-alternativen Utopien und die Versuche ihrer Umsetzung eingehen.

Was in der situationistischen Losung *Sous les pavés, la plage* in Paris 1967/68 und als „Unter dem Pflaster liegt der Strand" in Deutschland noch metaphorisch daherkommt und es auch

56 Annelie Schliecker: Alternative und Feministische Architektur. In: Klaus-Jürgen Scherer / Fritz Vilmar (Hrsg.): *Ein alternatives Sozialismuskonzept: Perspektiven des Ökosozialismus*. 3., korr. Aufl. Berlin: Stattbuch 1984, S. 346–371, hier S. 369–370.

im Titel des Szenemagazins *Pflasterstrand* bleibt, wird mit dem Strandcafé in Frankfurt am Main zu Beginn der 1970er Jahre immerhin ansatzweise in der urbanen Realität verräumlicht. Auf der Homepage des nach wie vor existierenden Hauses wird das Café als herausragender Treffpunkt politisch bewegter Studierender vorgestellt, in dem heutige Politprominenz wie Daniel Cohn-Bendit, Joschka Fischer oder Tom Königs debattiert hätten. „Dabei wurde dieser Ort zum Ausdruck eines neuen, urbanen Lebensgefühls, das sich vom weithin herrschenden Spießertum jener Tage deutlich absetzte.“[57] Gezeigt wird dazu ein Zeitungsfoto von 1978. Zu sehen sind Aktivist_innen mit einem Strandkorb vorm Café. Über dem Eingang hängt ein selbstgemaltes Schild mit dem Schriftzug „Strandcafe“ (ohne *accent aigu*), einer Palme, Strand und Meer.[58] Man kann darin so etwas wie eine zarte Andeutung dessen sehen, was inzwischen zu Stadtstränden transformiert in postfordistischen Strukturen zum urbanen Inventar gehört.

Situationistische Palmen und Strände spielen auch eine Rolle bei den ‚Jugendunruhen‘ 1980–82 in Zürich („Züri brännt“) und Bern. Zürcher Aktivist_innen legten mit Sand und Kübelpalmen in der Universität einen Strand an und demonstrierten nackt schwimmend in der Limmat.[59] In Clemens Klopfensteins und Remo Legnazzis 1981 gedrehten „Kultfilm der Berner Unruhen“ (so der Verleih) *e nachtlang Füürland*[60] spinnen der Radiosprecher und desillusionierte 68er Max und die junge Aktivistin Chrige aus, welche subversiven Meldungen man in die Nachrichten schmuggeln könnte:

57 Strandcafe Frankfurt: „Unter dem Pflaster liegt der Strand“. http://www.strandcafe-frankfurt.de/ (Zugriff am 15.07.2016).

58 Vgl. ebd.

59 Vgl. Olivia Heussler / Malou Muralt / Dieter Oswald / Daniel Schäubli / Andi Zai: *Züri brännt*. Zürich: Verlag ohne Zukunft 1981, S. 31, 65.

60 *e nachtlang Füürland* (*Eine Nachtlang Feuerland*, CH 1981, R: Clemens Klopfenstein / Remo Legnazzi). Zit. n. d. schriftdeutschen Untertiteln.

> Es ist so schön warm geworden. Das Packeis ist geschmolzen, das Pflaster ist aufgebrochen und in der Berner Innenstadt wachsen Dattelpalmen. Das Bundeshaus ist zu einem Sandstrand zerbröselt. Das Bellevue hat eine Bar hingestellt, an welcher gratis Cuba libre, Svizzera libre abgegeben wird.[61]

Der Schriftsteller Otto F. Walter schreibt dazu 1980:

> Die Jungen auf der Strasse haben bewiesen, wie Spontaneität, lustvolle Aktionen, Phantasie diese Gesellschaft wieder in Bewegung bringen. Ich träume davon, dass wir diese Kreativität in uns allen freisetzen. Dass wir ihr und ihren grossartigen subversiven Qualitäten endlich vertrauen. Dass wir – solidarisch – sie befreien in uns. Nur so wird aus Beton wieder Gras.[62]

Stattdessen wurde ironischerweise Gras aus dem Autonomen Jugendzentrum (AJZ), das im Zentrum der Zürcher Auseinandersetzungen stand. Das AJZ wurde Ende März 1982 „unter starkem Polizeischutz […] ‚generalstabsmässig' abgebrochen".[63] Auf dem Grundstück wurde für ca. 100.000 Franken „eine Wiese angesät".[64]

Das Motiv, aus Städten Wiesen werden zu lassen, hatte es gar in die Kindersendereihe *Löwenzahn* geschafft, die im ZDF ab 1981 lief.[65] Im Intro bricht ein Löwenzahn langsam eine Fahrbahndecke auf. Die Straße liegt mitten in einer Großstadt. Das ist der Auftakt für eine Invasion von Löwenzahn. Überall wachsen sie aus dem Asphalt, den Gehwegplatten, den Hausfassaden, sogar aus den Autos. Im Hintergrund bilden sie ganze ‚Wildnisse' auf den Dächern der Hochhäuser.[66] Durch die Sendung führte bis 2005 Peter Lustig als Öko in Latzhose, der

61 *e nachtlang Füürland.*

62 Otto F. Walter: Aus Beton wird Gras. In: Sozialdemokratische Partei der Stadt Zürich (Hrsg.): *Eine Stadt in Bewegung. Materialien zu den Zürcher Unruhen.* Zürich: SP Stadt Zürich 1980, S. 116–117, hier S. 117.

63 Hanspeter Kriesi: *Die Zürcher Bewegung. Bilder, Interaktionen, Zusammenhänge.* Frankfurt am Main / New York: Campus 1984, S. 134.

64 Ebd., S. 136.

65 *Löwenzahn* (D 1981–2016, R: Tim Moores u. a.).

66 Löwenzahn: Intro. https://www.youtube.com/watch?v=vhmgPDugBrQ (Zugriff am 07.07.2016).

(potentiell nomadisch) in einem Bauwagen auf einem verwilderten Grundstück lebte.

1982 startete Joseph Beuys in Kassel im Rahmen der *Documenta* mit seinem Projekt *7000 Eichen* einen Versuch, Utopie zu realisieren. Die bis 1987 dauernde Pflanzaktion hatte den Untertitel *Stadtverwaldung statt Stadtverwaltung.* Das Projekt wurde damals von konservativer Seite als subversiver Akt und ‚Barbarei' bekämpft. Das ist insofern erstaunlich, als dass beim reinen Ergebnis (wenn man dabei das Beuyssche Konzept der sozialen und energetischen Skulptur außer Acht lässt) von einer wirklichen Stadt*verwaldung* keine Rede sein kann. Vielmehr zeigte sich schon damals das Bild regelmäßiger Baumschulpflanzen, ordentlich gesetzt in regelmäßigen Abständen, wie das ein Grünflächenamt auch nicht anders machen würde. Grund für die Aufregung dürfte vor allem Beuys' politische Verortung bei den Grünen gewesen sein, die sich damals noch als radikal oppositionelle Bewegungspartei definierte.[67] Galten Wald- und Umweltschutz in den 1970er/80er Jahren kurzzeitig als umstürzlerisch, ist das längst zum Mainstream geworden. Heute managen Stadtverwaltungen Stadtverwaldungen. So entstand etwa im Sommer 2013 auf dem Areal eines abgerissenen Plattenbaukomplexes in Leipzig bereits der zweite „urbane Wald" als Beitrag zur „ökologischen Stadtentwicklung", gefördert vom Bundesumweltministerium.[68]

„Nieder mit den Alpen. Freie Sicht aufs Mittelmeer" lautete Anfang der 1980er Jahre eine zentrale Losung der Schweizer Aktivist_innen, wobei die Alpen und ihre Gletscher zu Symbolen einer betonierten und ‚vereisten' Gesellschaft wurden. *Freier Blick aufs Mittelmeer* war der Titel einer 1998 von Bice Curriger kuratierten Ausstellung junger Schweizer Kunst im Kunsthaus Zürich. „Alternatives", so Curriger damals, sei

67 Vgl. Termeer: Was wird hier eigentlich sichtbar?, S. 19–21.

68 jca: Bäume und Sträucher statt Plattenbauten: „Urbaner Wald" in Leipzig-Grünau freigegeben. In: *Leipziger Volkszeitung*, 26.07.2013. http://www.lvz.de/Leipzig/Lokales/Baeume-und-Straeucher-statt-Plattenbauten-Urbaner-Wald-in-Leipzig-Gruenau-freigegeben (Zugriff am 28.07.2016).

inzwischen „etabliert, Etabliertes mit einem Verfallsdatum versehen".[69] Daher stehe die Mittelmeersicht nun für die Parole „Hybrid sein"[70]. Ein solches ‚Hybrid sein' verträgt sich sehr gut mit den Etablierungen des ehemals Alternativen in aktuellen postfordistischen Strukturen, die sich exemplarisch in der Entwicklung des Frankfurter Strandcafés zeigen. Heute, „auch nach dem Ende der politisch bewegten Zeit", so steht es in der Selbstdarstellung auf der Homepage, habe sich die „Verbundenheit mit dem Gefühl von urbaner Lebendigkeit [...] erhalten".[71] Das heißt dann sowohl, „dass sich die Kinder und Kindeskinder der ‚Revolutionäre' bei uns genauso wohl fühlen, wie ihre Mütter/Väter und/oder Großeltern"[72] – sie selbst müssen ja keine ‚Revolutionäre' mehr sein – als auch dass heute ein „Primore Catering"[73] angeboten wird. Als Referenzen werden hier veranstaltete Events für die führenden Konzerne in der Stadt genannt: Deutsche Bank, Commerzbank, Merryl Lynch, Standard & Poor's, Allianz, Nestlé, Siemens, Fraport und Lufthansa usw., ebenso für den Rowohlt oder Springer Verlag.[74]

Olaf Kühne bezeichnet „Stadtlandhybride" als dezidiert „postmoderne Siedlungsformen".[75] Sie seien

> Ausdruck der Sehnsucht nach ländlich stereotypisierten Lebensweisen bei gleichzeitigem Wunsch nach der Ökonomie der Stadt und der Verfügbarkeit von Konsum- und kulturellen Einrichtungen. [...] Stadtlandhybride sind durch vielfältige Autorenschaft sowohl in Bezug auf

69 Zit. n. Petra Kipphoff: Alpendämmerung. Hybrid: Junge Schweizer Kunst in der Zürcher Ausstellung „Freier Blick aufs Mittelmeer". In: *Zeit*, 18.06.1998, S. 1–2, hier S. 1. http://www.zeit.de/1998/26/Alpendaemmerung (Zugriff am 25.07.2016).

70 Zit. n. ebd.

71 Strandcafe Frankfurt: „Unter dem Pflaster liegt der Strand".

72 Ebd.

73 Strandcafe Frankfurt: Primore Catering. http://www.primore-catering.de (Zugriff am 15.07.2016).

74 Strandcafe Frankfurt: Primore Catering. Referenzen. http://www.primore-catering.de/referenzen.htm (Zugriff am 15.07.2016).

75 Olaf Kühne: *Stadt – Landschaft – Hybridität. Ästhetische Bezüge im postmodernen Los Angeles mit seinen modernen Persistenzen*. Wiesbaden: VS 2012, S. 166.

die physischen Grundlagen der angeeigneten physischen Landschaften als auch in Bezug auf die gesellschaftlichen Deutungen von Landschaft geprägt.[76]

Die „vielfältige Autorenschaft" lässt sich, wie weiter oben schon skizziert, auch dahingehend konkretisieren, dass urbane Prozesse der Hybridisierung keineswegs bruch- oder konfliktlos ablaufen.

Ein beredtes Beispiel dafür findet sich in Mailand. Hier gibt es „zwei Hochhäuser [...], deren Gebäudehüllen mit so viel Grün umhüllt sind, wie es sonst in einem Hektar Wald zu finden ist. Mitten in der Stadt. So entsteht ein innerstädtisches Ökosystem, von dem jeder nachhaltig profitiert".[77] So schwärmte das Nachhaltigkeitsportal *ecowoman.de* während der Bauphase der Zwillingswohntürme *Bosco Verticale* und illustrierte den Beitrag mit spektakulären Projektbildern des Architekten Stefano Boeri. Bewachsen sein soll der seit Anfang 2015 bewohnbare *Vertikale Wald* mit 800 Bäumen und tausenden von Sträuchern und Stauden. Wer hiervon tatsächlich profitiert (und wer nicht), zeigt schon ein Blick auf die Preise. Die angebotenen Wohnräume reichen von Apartments ab 60 Quadratmetern bis hin zu Penthouses mit 495 Quadratmetern.[78] Verlangt werden dafür bis zu 12.000 Euro pro Quadratmeter.[79] Für die Sicherheit und den Komfort der Bewohner_innen sorgen Concierges.[80] *Bosco Verticale* ist Bestandteil des Quartiers Porta Nuova,

76 Ebd., S. 167.

77 Jürgen Rösemeier: Nachhaltig Bauen: Der erste vertikale Wald der Welt. http://www.ecowoman.de/24-natur-umwelt/887-nachhaltig-bauen-der-erste-vertikale-wald (Zugriff am 20.07.2016).

78 Vgl. Bosco Verticale: Interiors. http://www.residenzeportanuova.com/en/residences-bosco-verticale/ (Zugriff am 28.07.2016).

79 Vgl. „Wir wurden für Verrückte gehalten." Architekt Stefan Boeri pflanzte einen zwei Hektar großen Wald auf Balkone von Hochhäusern. Ein Gespräch über Öko-Architektur und neue Ideen. In: *Kurier*, 17.03.2015. http://kurier.at/wohnen/wir-wurden-fuer-verrueckte-gehalten/119.216.982 (Zugriff am 28.07.2016).

80 Vgl. Residenze Porta Nuova: Security. http://www.residenzeportanuova.com/en/residences-bosco-verticale/ (Zugriff am 28.07.2016).

Abb. 5: Hybride Stadtlandschaft als hochpreisige postfordistische Realität: *Bosco Verticale* in Mailand (Fassadendetails), April 2015.

der neuen Skyline Mailands im Stadtteil Garibaldi, errichtet anlässlich der *Expo Milano* 2015. Den Mittelpunkt von Porta Nuova bildet der 231 Meter hohe Turm der Finanzholding UniCredit. Der Turm wiederum ist umgeben vom Urban Entertainment Center Piazza Gae Aulenti. Die Investor_innen des Quartiers legen offenbar Wert auf Öffentlichkeitsarbeit. Sie betonen auf reihenweise angebrachten Informationstafeln die ‚grüne', ‚nachhaltige' und ‚ökologische' Entwicklung dieses neuen Quartiers. Allerdings wurde für den hochpreisigen Bau *Bosco Verticale* ein vielgenutzter öffentlicher Park beseitigt.[81] Das Beispiel zeigt andererseits die Umkämpftheit solcher Entwicklungen. Denn die Anwohner_innen schlossen sich – so der Artikel – zu einer Kooperative zusammen und gründeten in direkter Nachbarschaft auf dem Areal eines ehemaligen Lagers den Garten Isola Pepe Verde. Blumen und Gemüse wachsen hier in Kisten. Die ‚Insel' ist also transportabel, um auf eine mögliche Räumung des Geländes vorbereitet zu sein.[82]
Die Polarisierung hybrider Stadtlandschaften zeigt sich auf der einen Seite in Strukturen einer *„super-gentrification"*[83]. Diese sind durch „erweiterte Aufwertungszyklen", die schon zuvor aufgewertete oder bereits wohlhabende Quartiere erfassen, sowie „durch den Zuzug von neuen, stärker elitären und global vernetzten Gentrifizierern gekennzeichnet".[84] Hierzu zählen *Bosco Verticale* und ebenso Urban Villages z. B. in Berlin. Letztere werden offensiv als Stadt-Land-Hybride vermarktet. „Kann man gleichzeitig in der Stadt und auf dem Land leben?", fragt der Investor stofanel rhetorisch zu seinem bekanntesten Produkt,

81 Vgl. kna: Grüne Gemeinschaft. Wie ein neuer Garten-Trend Mailand verändert. In: *FR*, 22.09.2015, S. 39.

82 Vgl. ebd.

83 Andrej Holm: Gentrification in Berlin. Neue Investitionsstrategien und lokale Konflikte. In: Heike Herrmann / Carsten Keller / Rainer Neef / Renate Ruhne (Hrsg.): *Die Besonderheit des Städtischen. Entwicklungslinien der Stadt(soziologie)*. Wiesbaden: VS 2011, S. 213–232, hier S. 218. (Herv. i. Orig.)

84 Ebd.

dem *Marthashof* in Berlin-Prenzlauer Berg.[85] Solche Wohnanlagen sollen Luxus und Sicherheit mit hohen ökologischen Standards verbinden und die Strukturen eines wohlhabenden Lebens auf dem Land inmitten der Metropole etablieren. Als „Dorf der unbegrenzten Möglichkeiten"[86] bewirbt stofanel ein zweites Berliner Projekt in Dahlem, *Fünf Morgen*, gebaut „für Menschen, die den ganzheitlichen Blick bevorzugen"[87]. Bei den Apartmenthäusern, Penthouses und Villen achte man auf „ökologische Grundsätze"[88] und verbinde Neubauten und Natur mit „nostalgische[m] Genuss in der Metropole"[89]. Verbunden wird hier desgleichen das Simulakrum einer „märkischen Seenlandschaft mit Waldkiefern"[90] mit „selektierte[n] hochwertige[n]"[91] Shoppingmöglichkeiten.

Auf der anderen Seite steht das basisaktivistische Urban Gardening als Manifestation einer „Sehnsucht nach marktfreien Räumen", als „Verräumlichung" sozialer Kooperation, des Protests und alternativer Praktiken der „Selbstversorgung und [des] Selbermachen[s]", hier sollen Freiräume geschaffen werden für „eine möglichst breite Vielfalt von Menschen".[92] Der Volkswirtschaftler und Wachstumskritiker Niko Paech sieht im Urban

85 Marthashof: Pressetext Marthashof. http://www.yumpu.com/de/document/view/15765791/pm-marthashof (Zugriff am 09.07.2016).

86 Fünf Morgen: Urban Village. http://www.5morgen.de/index.php/urban-village.html (Zugriff am 28.07.2016).

87 Fünf Morgen: Ökologie. http://www.5morgen.de/index.php/oekologie.html (Zugriff am 28.07.2016).

88 Ebd.

89 Fünf Morgen: Service & Shopping. http://www.5morgen.de/index.php/service-shopping.html (Zugriff am 28.07.2016).

90 Fünf Morgen: Wasser & Natur. http://www.5morgen.de/index.php/wasser-natur.html (Zugriff am 28.07.2016).

91 Fünf Morgen: Urban Village.

92 Christa Müller: Sehnsuchtsstadt statt Landlust. Wie postindustrielle Sehnsuchtsorte des Selbermachens und der Naturbegegnung neue Bilder von Urbanität entwerfen. In: Marco Thomas Bosshard / Jan-Dirk Döhling / Rebecca Janisch / Mona Motakef / Angelika Münter / Alexander Pellnitz (Hrsg.): *Sehnsuchtsstädte. Auf der Suche nach lebenswerten urbanen Räumen*. Bielefeld: Transcript 2013, S. 141–151, hier S. 147–148.

Gardening einen herausragenden Beitrag zur „Postwachstumsökonomie" durch „kreative Subsistenz".[93] Garteninitiativen wie das Berliner Allmende-Kontor setzen sich für die Allgemeinverfügbarkeit städtischen Bodens ein, vor allem zugunsten marginalisierter Gruppen.[94] Brüche mit (auch politisch) tradierten Mustern werden hier auch in anderer Weise vollzogen: Garten-Aktivist_innen in Mailand wie in Berlin und anderswo sind mobil, indem sie häufig transportable Pflanzbehälter einsetzen – ein ‚nomadisches' Verhältnis zur Stadt, das helfen kann, deren Grenzen zu unterlaufen.[95]

Hochpreisige Urban Villages usw. stehen real in einem klaren Gegensatz zu aktivistischen Gemeinschaftsgärten. Die Konturen können allerdings verschwimmen, betrachtet man das Ganze aus der Perspektive einer gegenwärtigen unternehmerischen Stadtpolitik und der Produktion urbaner Marketinglandschaften. Auch aktivistische Gärten stehen – entgegen der Motivation ihrer Betreiber_innen – letztlich nicht außerhalb der Inwertsetzung von Lebensräumen. „Urban Gardening ist hip", konstatierte das Wirtschaftsmagazin *enorm* im Mai 2014 und pries den „Marketingfaktor".[96] Ähnlich erwartete die *Badische Zeitung* im Mai 2015 einen „gewaltig[en] [...] Imagegewinn"[97] für Städte durch urbane Gärten. Kurz: Aus der Perspektive unternehmerischer Stadtpolitik können Urban Villages und aktivistische Gärten gleichermaßen für eine

93 Niko Paech: *Befreiung vom Überfluss. Auf dem Weg in die Postwachstumsökonomie*. München: Oekom 2012, S. 120–122.

94 Vgl. Allmende-Kontor: Vernetzung von Gemeinschaftsgärten. http://www.allmende-kontor.de/index.php?id=12:vernetzung&catid=2:uncategorised (Zugriff am 09.07.2016).

95 Vgl. Müller: Sehnsuchtsstadt, S. 146.

96 Constantin Wißmann: Urban Gardening. Stadtluft macht Blei. In: *enorm*, 31.05.2014. http://www.spiegel.de/wirtschaft/urban-gardening-die-versorgung-der-staedte-neu-organisieren-a-970305.html (Zugriff am 26.07.2016).

97 Claudia Füßler / Petra Kistler: So funktioniert Urban Gardening in Freiburg. In: *Badische Zeitung*, 11.05.2015. http://www.badische-zeitung.de/haus-garten-2/so-funktioniert-urban-gardening-in-freiburg--104623917.html (Zugriff am 26.07.2016).

urbane Attraktivität stehen, die im Sinne Richard Floridas ökonomisches Wachstum generiert – auch wenn ihre unvereinbare Gegensätzlichkeit real ist.

Hybride Stadtlandschaften können also oft zu Bestandteilen von Marketinglandschaften werden. Damit kommen weitere Produzent_innen ins Spiel. Wie gesehen können das – meist wider Willen – Gartenaktivist_innen sein, aber auch Naturschützer_innen, die sich für den Erhalt urbaner ‚Wildnisse' einsetzen. So ist der von der Grünen Liga betriebene Internetstadtführer *BERLINGOESGREEN*, in dessen Emblem sich die Berliner Skyline mit einem Wald spiegelt, durchaus werberelevant für die Stadt.[98] Damit kommt als Akteurin auch die ‚Natur' selbst ins Spiel. Hier geht es also um ungesteuerte, aber anthropogen beeinflusste Entwicklungen: partielle urbane ‚Wildnisse' durch spontan bewaldete Brachflächen wie das längst zum Naturpark erklärte Schöneberger Südgelände in Berlin, die inzwischen berühmten „Wildschweine in der Bundeshauptstadt"[99] oder die wohlwollend geduldeten Füchse im Klingelpützpark in der Kölner City[100]. Beteiligt sind nicht zuletzt auch Neophyten und Neozoen wie Waschbären.

Hybridisierung von Urbanität zeigt sich besonders im Zulassen – zunächst einmal – nicht gerichteter Prozesse. Dabei entstehen Orte einer „zweite[n]", einer „imaginierte[n] Wildnis", so Sabine Hofmeister. Eine solche ‚Wildnis' fungiere „als Simulakrum" für etwas, das es nicht mehr gibt, und verweise zugleich „auf das, was noch nicht ist".[101] Darin zeige sich „auch

98 Vgl. Grüne Liga Berlin: BERLINGOESGREEN. Der Stadtführer zu den grünen Seiten Berlins. http://berlingoesgreen.de/ (Zugriff am 27.07.2016).

99 Josef H. Reichholf: *Stadtnatur. Eine neue Heimat für Tiere und Pflanzen*. München: Oekom 2007, S. 75.

100 Inge Wozelka: Gestatten, Familie Reinecke. Füchse sind die neuen Nachbarn. In: *Express*, 03.11.2010. http://www.express.de/koeln/gestatten--familie-reinecke-fuechse-sind-die-neuen-nachbarn-17848374 (Zugriff am 20.07.2016).

101 Sabine Hofmeister: Verwildernde Naturverhältnisse. Versuch über drei Formen der Wildnis. In: *Das Argument* 279 (2008) S. 813–826, hier S. 822–823.

schon ein visionäres Konzept: Indem wir städtische Brachflächen und die bunte Vielfalt der sich dort entwickelnden ‚Naturen' ästhetisch wahrzunehmen und zu nutzen beginnen, setzen wir ‚Natur' als Produkt gesellschaftlicher Entwicklung in Wert"[102]. So richtig das ist, hat es aber zugleich einen Haken: Inwertsetzung lässt sich auch anders ausbuchstabieren. Hybridisierung, in Form von Stadtwildnis oder alternativer Gartenkultur, kann emanzipatorisch sein. Ob sie es ist, entscheidet sich aber im Kontext.

Unter dem Stichwort ‚Hybridität' lässt sich feststellen, dass eine postfordistische Urbanität über relativ offene Strukturen verfügt. Das zeigt sich in den Möglichkeiten der Absorption und Transformation früherer postmaterialistischer Ideen von Stadtverwaldung oder der – ungebetenen – Indienstnahme des Urban Gardening zur Inwertsetzung durch Ästhetisierung. Auch das hat freilich seine Grenzen. ‚Wildnisse' auf Industriebrachen sind aus dem Blickwinkel von Stadtplanung oft nur Zwischennutzungen und damit Verfügungsmassen für die Pläne potentieller Investor_innen. Dasselbe gilt für aktivistische Gärten. Hier zeigt sich ein Dilemma. Das oben angesprochene ‚Nomadische' solcher Gärten unterläuft zwar Grenzen. Allerdings kann diese Mobilität auch ein Sich-Einrichten in bloßen Zwischennutzungen befördern.

Hybride Stadtlandschaften als Bestandteile von Marketinglandschaften inklusive hochpreisiger abgeschotteter Wohnkomplexe verweisen auch auf ein Problem des Hybrid-Begriffes. Das Hybride bildet nämlich „nicht den Gegenbegriff zum Hierarchischen und Hegemonialen, sondern zum Binären und Dichotomischen"[103]. Der Hybridbegriff erscheint somit ideal für einen ‚postmaterialistisch' erneuerten Kapitalismus. Der *Neue Geist des Kapitalismus*, so haben es Luc Boltanski und

102 Ebd.

103 Irmela Schneider: Von der Vielsprachigkeit zur „Kunst der Hybridation". Diskurse des Hybriden. In: Dies./Christian W. Thomsen (Hrsg.): *Hybridkultur: Medien, Netze, Künste*. Köln: Wienand 1997, S. 13–66, hier S. 43.

Ève Chiapello analysiert, speist sich durch Absorptionen und Transformationen postmaterialistischer Kritik. Radikal alternativ und antikapitalistisch intendierte „Sozialexperimente" der 1970/80er Jahre, stellt auch Ulrich Bröckling fest, hätten sich inzwischen „wider Willen als Schulen unternehmerischer Tugenden" erwiesen.[104] „[S]pätestens seit den 90er-Jahren" seien all „die Autonomisierungs-, Responsibilisierungs- und Nachhaltigkeitsprogramme [...] in alle Poren der Gesellschaft vorgedrungen".[105] Dass und wie grün-alternative Kritik an der autogerechten Stadt und den Kahlschlagsanierungen der 1970er Jahre konzeptionell in heutige Stadterneuerungspolitiken eingeflossen ist, ist inzwischen mehrfach gezeigt worden.[106] Vergleichbares trifft auf die dargestellten Hybridisierungen und Ästhetisierungen zu, die als transformierte Reaktionen auf den Funktionalismus der fordistischen Stadt zu verstehen sind. Diese Feststellung zielt nicht auf einen Verzicht auf Verflüssigungen urbaner Grenzen und damit verbundenen Versuchen selbstbestimmter alternativer Lebenspraxen, im Gegenteil. Zu fragen ist aber nach der Notwendigkeit einer veränderten Kritik gegenwärtiger urbaner Strukturen.

3. Ästhetisierungen der Stadt und ihre Grenzen

Die Strukturen postfordistischer Urbanität sind in gewisser Weise offener für Räume des Dazwischen. Die Nischen und Zwischenräume der Off-Kultur auf Industriebrachen oder der urbanen ‚Wildnis' werden zwar immer wieder zur Verfügungsmasse für Großbauprojekte, nichtsdestotrotz sind sie – wie gesehen – auch Bestandteile einer Ästhetisierung, die sich bewusst absetzt vom fordistischen Funktionalismus. Sie können so zu Spielmarken im Bemühen um prosperierende Bevölkerungsschichten werden. Die Stadtsoziologin Silke Steets hat für

104 Bröckling: *Das unternehmerische Selbst*, S. 259.

105 Ebd.

106 Vgl. Boris Michel: *Stadt und Gouvernementalität*. Münster: Westfälisches Dampfboot 2005, S. 77–79; Kamleithner: Regieren, S. 41.

diesen Vorgang die schöne Bezeichnung einer „Floridarisierung der Stadtpolitik“[107] geprägt. Deren Konsequenzen beschreibt sie so:

> Werden die Räume des Dazwischen – wie es Richard Floridas „creativity theory“ nahelegt – von Seiten der Stadtpolitik zum Standort- und Imagefaktor erklärt und somit in den Fokus der Aufmerksamkeit *und der Verwertung* gerückt, dann wandelt sich ihr Charakter.[108]

Vergleichbares gilt für grüne bzw. links-alternative Ideen und Utopien und deren Transformationen.

Der Hinweis, man könne den Grad der Gentrifizierung eines Stadtviertels an einer gesteigerten Anzahl von Bioläden ablesen, ist in den letzten Jahren zum Running Gag geworden. So etwas lässt sich ausweiten auf ganze Städte mit dem Leitmotiv der *green creative city*. Unter diesem Label lässt sich unschwer einiges von dem finden, was ich im vorigen Kapitel beschrieben habe.

Anna-Lisa Müller bezeichnet „den Typus der *Green Creative City* als paradigmatische“[109] Transformationsform westlicher industrialisierter Städte zu Beginn des 21. Jahrhunderts. Anhand der Beispiele Dublin und Göteborg beschreibt sie, wie sich Kombinationen der Leitbilder „Kreativität“ und „Nachhaltigkeit“ in der „gebauten Umwelt der Stadt“ realisieren sollen.[110] „Nachhaltigkeit“, so Müller werde hierbei entsprechend dem Drei-Dimensionen-Modell des Earth Summit 1992 in Rio de Janeiro als ökologische, ökonomische und soziale Nachhaltigkeit verstanden.[111] Das führt allerdings zu einem Widerspruch. Wie gesagt, konzentrieren sich gegenwärtige Strategien urbaner ‚Revitalisierung‘ auf hochpreisiges Wohnen und verstärken so Prozesse sozialer Segregation. Müller selbst thematisiert

107 Silke Steets: Die Stadt als Wohnzimmer und die Floridarisierung der Stadtpolitik. In: Herrmann / Keller / Neef / Ruhne (Hrsg.): *Die Besonderheit des Städtischen*, S. 87–103, hier S. 98.

108 Ebd., S. 99.

109 Anna-Lisa Müller: *Green Creative City*. Konstanz: UVK 2013, S. 21. (Herv. i. Orig.)

110 Ebd.

111 Ebd., S. 220.

kurz „neue Machtverhältnisse“ und soziale „Verdrängungsprozesse“.[112] Im Grundsatz aber lehnt sie ihre Überlegungen stark an Richard Floridas Theorien der Ästhetisierung und Kulturalisierung als Basis ökonomischen Wachstums in postindustriellen Städten und damit auch an dessen Credo des *trickle down* an.

Andreas Reckwitz bezeichnet solche Strategien des Marketing und der zugleich „reale[n] Umgestaltung des städtischen Raums“ als „strategische Kulturalisierung des Urbanen“.[113] Diese „schließt eine Politik der Markierung *kultureller Differenzen* zwischen den Städten ein“. Sie setzt daher „auf die Produktion von Abweichungen und Besonderheiten [...]. Eine kreative Stadt [...] muss ständig genügend Material liefern, um immer wieder neue – auch gegensätzliche – Narrationen über sich selbst hervorzubringen“. Bei einem solchen *place branding* geht es um das Design und das Management von Zeichen und vor allem Atmosphären, die urbane Vielfalt und Vitalität sinnlich und emotional erfahrbar machen (sollen) und die nicht zuletzt von den Bewohner_innen selbst produziert (und erlebt) werden. Alles muss stets anregend und interessant sein.

Interessant kann es werden, wenn oppositionelle Bestrebungen zur Atmosphäre beitragen, wie beim Guerilla Gardening. Richard Reynolds, Protagonist der Szene, bemüht sich in seinem *botanische[n] Manifest* um eine radikale Sprache.[114] Da ist viel von Kampf die Rede – gegen Mangel und städtische Verödung –, und es werden kriegerische Metaphern verwendet. Hier gibt es Samenbomben in Form von Handgranaten und Graffiti mit maskierten Streetfightern, die Blumen werfen. Betrachtet man die Bilder von Pflanzaktionen in europäischen Städten, erscheinen aber oft ganz normale,

112 Müller: *Green Creative City*, S. 340–341.

113 Alle Zitate in diesem Absatz aus Reckwitz: *Die Erfindung der Kreativität*, S. 306–308.

114 Richard Reynolds: *Guerilla Gardening. Ein botanisches Manifest*. Freiburg i. Br.: Orange 2009.

brave Blumenbeete.[115] Reynolds schildert aber auch Pflanzaktionen als Mahnmale gegen Homophobie oder schreibt über „bewusstseinserweiterndes Gärtnern“[116] mittels Cannabis. Dazu betont er: „Von einem Nachbarschaftsgarten profitiert die ganze Umgebung“[117]. Und er bringt dann mit der Anlage des Clinton Community Garden in New York ein – positiv gemeintes – Beispiel, das belegt, wie auch Strategien, die eigentlich emanzipatorische Stadträume schaffen sollen, unreflektiert zu einer „sichergestellten Urbanität“[118] beitragen können, denn: „Durch das gepflegte Gartengrün sind die Umweltbedingungen für Stricher, Freier und Penner einfach zu schlecht geworden.“[119] Das erinnert auffällig an Strategien innerhalb der *überwachten Stadt*, die Jan Wehrheim analysiert hat. Darin dienen Maßnahmen der „Ästhetisierung und Sauberkeit“[120] in öffentlichen Anlagen, die mit ‚gutbürgerlichen‘ Verhaltensnormen assoziiert werden sollen, der Abgrenzung gegen unerwünschte Gruppen.

Mit Reckwitz kann man feststellen:

> Das kulturelle Muster, welches das Atmosphäredesign der *creative cities* anleitet, zielt auf die […] urbanen Erfahrungen um ihrer selbst willen ab, auf eine urbane „Lebendigkeit“ von hoher Intensität im sicheren Rahmen. Angestrebt wird eine Abwechslung und Vielfältigkeit von Eindrücken, die zugleich ohne Risiko bleiben: eine Atmosphäre der *domestizierten Dynamik und Diversität*.[121]

115 In Lateinamerika, aber auch in Städten wie Detroit, wo Urban oder Guerilla Gardening immer mit sozialen Kämpfen und notwendiger Subsistenzsicherung verbunden sind, sieht das selbstverständlich anders aus, so auch Reynolds.

116 Ebd., S. 40–41, 30–31.

117 Ebd., S. 33.

118 Füller / Marquardt / Glasze / Pütz: Urbanität, S. 37.

119 Reynolds: *Guerilla Gardening*, S. 33–34.

120 Jan Wehrheim: *Die überwachte Stadt. Sicherheit, Segregation und Ausgrenzung*. 2., völlig überarb. u. aktual. Aufl. Opladen: Budrich 2006, S. 110–111.

121 Reckwitz: *Die Erfindung der Kreativität*, S. 308. (Herv. i. Orig.)

Die strategische Ästhetisierung des Urbanen beinhaltet also immer auch Konstruktionen der Abgrenzung.

> Die doppelte Abgrenzung der Ästhetisierung gilt der Langeweile und Leere der funktionalen Stadt sowie der Unsicherheit und Unkontrolliertheit, wie man sie in den sozial prekären Stadtvierteln fürchtet.[122]

Und damit schließt sich der Kreis: Diese sozial prekären Quartiere werden in aktuellen Diskursen oft als ‚Ausländerghettos', ‚überfremdete Quartiere' oder ‚homogene Räume sichtbarer Ausländer' konstruiert.

4. Die performative Kraft der Metapher II: Stadt als (bedrohtes) Ökosystem

Eine aktuelle Studie des Bundesinstituts für Bau-, Stadt- und Raumforschung kommt zu dem Schluss, dass in Deutschland mehrheitlich (vor allem westdeutsche) Großstädte das „Ziel internationaler Migration"[123] seien. Das Ergebnis dürfte, auch für andere Länder, weder empirisch noch auf der Ebene der Theorien überraschen. Migration wird grundsätzlich als städtisches Phänomen und Problem wahrgenommen und verhandelt. Das gilt für die Stadtsoziologie in ihren Anfängen im Chicago des frühen 20. Jahrhunderts, für die Segregationsdebatten im deutschsprachigen Raum seit den 1990er Jahren und für öffentliche und veröffentlichte Meinungen in Politik und Medien zu (zum Teil wieder stadtsoziologisch befeuerten) Stereotypen wie den ‚Parallelgesellschaften' oder der ‚Armutszuwanderung' aus EU-Staaten wie Bulgarien und Rumänien oder in Deutschland kurzerhand zu ‚sicheren Herkunftsstaaten' erklärten anderen Balkan-Staaten. Der politisch-mediale Diskurs ist hier nach wie vor überwiegend geprägt von Ethnozentrismus, kulturellem Essentialismus und teilweise von einem Kulturpessimismus, in

122 Reckwitz: *Die Erfindung der Kreativität*, S. 308.

123 Nadine Körner-Blätgen / Gabriele Sturm: *Internationale Migration in deutsche Großstädte* (= *BBSR-Analyse Kompakt* 11 (2015). Informationen aus der vergleichenden Stadtbeobachtung). Bonn: BBSR 2015, S. 3.

dem Migration als „Krise der Städte"[124] debattiert wird. Migration werde so, wie Sabine Hess und Henrik Lebuhn überblicksartig zusammenfassen,

> ausschließlich unter dem Gesichtspunkt ‚kultureller Differenz' bzw. ‚ethnischer Andersheit' problematisiert [...]. Fragen sozialer Ungleichheit und politische Aspekte der Herstellung sowie der Kontrolle von Mobilitätsbewegungen als ‚Migration' werden hierbei weitestgehend ausgeblendet.[125]

An dieser Stelle komme ich auf die im ersten Teil behandelten naturalisierenden Zirkelschlüsse und Metaphernspiegelungen zurück. Denn: Migration wird grundsätzlich als städtisches Phänomen und Problem wahrgenommen und verhandelt – das gilt auch für Neophyten:

> In keinem anderen Lebensraum ist der Anteil wild wachsender gebietsfremder Pflanzenarten so hoch. [...] Aufgrund der besonderen Bedingungen, die in Städten herrschen, können sie dauerhaft Wurzeln schlagen, hier werden sie „invasiv" und beginnen sich auszubreiten, und hier sind bis auf den heutigen Tag viele von ihnen auch geblieben. In der Umgebung, sogar in den naturnah gebliebenen Lebensräumen innerhalb der Städte wie den Wäldern, fällt ihre Zahl sprunghaft ab.[126]

Das schreibt der Biologe und Publizist Bernhard Kegel. Der Hinweis auf ein ungleich geringeres Vorkommen von Neophyten in ‚naturnahen' Räumen entstammt erkennbar den von Uta Eser analysierten invasionsbiologischen Szenarien: Urban geprägte Räume erscheinen als anthropogen gestörtes Ökosystem geringer ‚Resistenz', ‚naturnahe' Räume dagegen verfügen über ein stärkeres Immunsystem gegen ‚Eindringlinge', die

124 Sabine Hess / Henrik Lebuhn: Politiken der Bürgerschaft. Zur Forschungsdebatte um Migration, Stadt und citizenship. In: *sub\urban. zeitschrift für kritische stadtforschung* 2,3 (2014), S. 11–34, hier S. 12. http://www.zeitschrift-suburban.de/sys/index.php/suburban/article/view/153/241 (Zugriff am 12.07.2016).

125 Ebd.

126 Bernhard Kegel: *Tiere in der Stadt. Eine Naturgeschichte.* Köln: DuMont 2013, S. 235.

zudem in urbanen Strukturen eine ‚hohe Aggressivität' zeigen und ‚heimische' Arten massiv verdrängen:[127]

> Obwohl Pflanzen sich nicht aktiv bewegen, haben Botaniker in Städten weltweit dramatische Veränderungen der Vegetation registriert. Die Artenzahl blieb in den letzten ein- bis zweihundert Jahren zwar in etwa konstant, doch 30 bis 40 Prozent der urbanen Flora Zentraleuropas verschwand und wurde durch neue Arten ersetzt [...].[128]

Bedroht sind danach Pflanzen, die hier bereits vor mindestens 200 Jahren vorkamen, was auch ihre Schutzwürdigkeit zumindest implizieren kann, durch solche, die erst vor relativ kurzer Zeit und dabei unkontrolliert ‚eingewandert' sind, wobei ihnen die besonderen urbanen Bedingungen noch behilflich sind. Mit Eser lassen sich solche Wertungen städtischer Neophyten als Projektionen eines konservativen Weltbilds mit seinen Wertschätzungen von Bodenständigkeit und Territorialität, seinen Geringschätzungen von Nichtsesshaftigkeit und Unkontrolliertheit und seiner zumindest ursprünglichen Großstadtfeindschaft nachzeichnen:

> Wer im ‚Kampf ums Überleben' auswandert – oder sein Auskommen in der Großstadt sucht – und andere verdrängt, für den hat der Naturschutz nicht viel übrig, selbst wenn er zu den ‚Gewinnern' gehört.[129]

Hierbei geht es aber mitunter nicht nur um einfache Projektionen. Im Diskurs der ‚invasiven' Arten werden durchaus auch direkte Bezüge zu einer unerwünschten oder doch zumindest problematisierten Zuwanderung von Menschen betont. Beim Ökologen Wolfgang Nentwig liest sich das so:

> Große politische Umwälzungen wie der Zusammenbruch der Sowjetunion und kriegerische Ereignisse, fördern die Ausbreitung nichteinheimischer Arten genauso wie unkontrollierte Migrationsbewegungen und weltweite Handelsströme.[130]

127 Vgl. Eser: Projektionsfeld, S. 182–183.

128 Kegel: *Tiere*, S. 233.

129 Eser: Projektionsfeld, S. 179–180.

130 Wolfgang Nentwig: Invasive Pflanzen. Einleitung. In: Ders. (Hrsg.): *Unheimliche Eroberer*, S. 21–23, hier S. 23.

Nentwig fordert zudem verschärfte Kontrollen der EU-Außengrenzen, da bisher nur Stichproben vorgesehen seien. Gesucht werde aber nur nach Schädlingen oder Pflanzenkrankheiten, keineswegs aber nach ‚illegalen Einwanderern‘:

> Nach nicht-einheimischen Arten wird nicht gefahndet, das heißt, die Tatsache, dass eine Art außereuropäischen Ursprungs ist, wäre kein Grund, ihre Einfuhr zu verhindern [...]. Hier herrscht offensichtlich noch Nachholbedarf.[131]

Inwieweit bei diesen Positionen Assoziationen mit dem Aufgabenfeld von Frontex, der EU-Agentur zum ‚Schutz der Außengrenzen‘ vor allem vor menschlicher Migration, bestehen, sei dahingestellt.
Damit aber zurück zur anderen Seite der Metaphernspiegelungen. Zunächst einmal gehören naturalisierende Metaphern für Migration zur hegemonialen alltäglichen Selbstverständlichkeit, sie sind also zu Gemeinplätzen ‚herabgesunken‘: Wellen, Fluten, Ströme. Diese Metaphern sprechen weniger von Natur, als vielmehr von Naturkatastrophen, die entgrenzen, Dämme durchbrechen, unterspülen, sich unaufhaltsam ihren Weg bahnen, die die Ordnung bedrohen, entwurzeln...: „Der Flüchtlingsstrom durch Europa reißt nicht ab“[132] schreibt etwa die *WAZ* im Oktober 2015. Der Gemeinplatz der Fluten usw. entstammt zugleich einer Tradition der Feminisierung von bedrohlichen, unkontrollierbaren Massen und ebenso der/des ‚Fremden‘. Von Klaus Theweleit stammt die inzwischen schon klassische Analyse der Schilderungen rechtsradikaler Freikorpssoldaten nach dem Ende des Ersten Weltkriegs. In diesen Schilderungen erscheinen proletarische/revolutionäre Massen immer wieder als ‚Horden bewaffneter Huren‘, als „rote Flut“[133], die versucht, alles mit sich zu reißen.

131 Nentwig: Schlussfolgerungen. In: Ebd., S. 229.

132 Michael Backfisch: Wie Frontex die Grenzen Europas schützen soll. In: *WAZ*, 29.10.2015. http://www.derwesten.de/politik/wie-frontex-die-grenzen-europas-schuetzen-soll-id11229197.html (Zugriff am 11.07.2016).

133 Klaus Theweleit: *Männerphantasien*, Bd. 1: Frauen, Fluten, Körper, Geschichte. Frankfurt am Main: Roter Stern 1977, S. 291.

> Die zitierten Soldaten dagegen [...] wollen fest, mit beiden Füssen, mit jeder Wurzel im Boden verankert stehen, die Fluten, die da kommen, an sich abprallen lassen, sie aufhalten, eindämmen.[134]

Sigrid Weigel hat gezeigt, dass in der Geschichte der ‚Entdeckungen' und damit im Prozess der Aufklärung

> im Diskurs über die Wilden/die Fremde und Diskurs über Frau/Weiblichkeit strukturanaloge Konzepte zu sehen sind, in denen die Dialektik von Eigenem und Fremdem aus der Perspektive des Einen im Blick auf das Andere organisiert ist und daß das Verhältnis von Wilden und Frauen durch ähnliche Vorstellungen, aber unterschiedliche diskursive Funktionsweisen zu kennzeichnen ist [...].[135]

Vergleichbar beschreibt Markus Schmitz die „Feminisierung des Orients"[136] im Kolonialdiskurs des 18./19. Jahrhunderts. Darin bilden Okzident und Orient ein „ungleiche[s] Paar", worin „sich zusehends die Alinationsform Mann/Frau" resümiere.

> Man(n) nimmt die arabisch-islamische Welt wie das Weibliche in ihrer negativen Dimension wahr, weil sie als Beweis dafür dient, was der maskuline Okzident in seiner positiven Natur zu sein vorgibt. Das männliche Europa transzendiert sich zu einem universellen Subjekt, indem es den Orient als weibliches Objekt immanentisiert.[137]

Und dies, obwohl oft gleichzeitig die patriarchale (Familien-) Ordnung im Orient thematisiert wird.

> Analog zu der von Foucault beschriebenen Hysterisierung des weiblichen Körpers im europäischen Sexualitätsdispositiv werden *die Araber* kollektiv als ein gänzlich von sexuellen Trieben durchdrungener Volkskörper disqualifiziert und dessen pathologische Irrationalität im Bild der *hysterischen* Massen repräsentiert.[138]

134 Theweleit: *Männerphantasien*, S. 291.

135 Sigrid Weigel: *Topographien der Geschlechter. Kulturgeschichtliche Studien zur Literatur*. Reinbek: Rowohlt 1990, S. 121.

136 Alle Zitate im Absatz Markus Schmitz: Orientalismus, Gender und die binäre Matrix kultureller Repräsentationen. In: Regina Göckede / Alexandra Karentzos (Hrsg.): *Der Orient, die Fremde. Positionen zeitgenössischer Kunst und Literatur*. Bielefeld: Transcript 2006, S. 39–66, hier S. 45.

137 Ebd.

138 Ebd.

Solche Konstruktionen finden sich aktuell immer häufiger in Gerüchten, die gezielt aus der Thüringer AfD, aus Kreisen von Pegida oder anderer ‚besorgter Bürger' gestreut werden, wonach muslimische Geflüchtete deutsche Frauen vergewaltigt hätten.[139] Zugleich werden im Bild hysterischer Massen bedrohliche Fluten heraufbeschworen.

In der *Welt* vom 28. September 2015 erschien ein Artikel von Matthias Matussek über sein Gespräch mit dem Philosophen Rüdiger Safranski über die „Asylkrise"[140]. Darin wird Safranski mit den Worten zitiert: „Die Politik hat die Entscheidung getroffen, Deutschland zu fluten."[141] Im *Spiegel* vom 2. Oktober 2015 spricht der deutsche Großdichter Botho Strauß ebenfalls von einer „Flutung des Landes mit Fremden"[142]. Gemeint ist jeweils die Einreise von Zehntausenden Geflohenen aus Afghanistan, Eritrea, Syrien und vom Balkan. Safranski warnt im genannten *Welt*-Artikel: „Das globale Elend steht vor der Tür"[143] und wolle herein. Er bedauert, dass es keine ernsthafte Leitkulturdebatte gegeben habe und scheint in ähnlichen Bahnen zu denken, wie die Neue Rechte oder wie Identitäre, die vor einem ‚Austausch' der Bevölkerung warnen, wenn er zustimmend auf eine Äußerung des Ex-Bundesverfassungsrichters Udo di Fabio verweist, der Staat müsse „die Kontrolle [...] über die Zusammensetzung der Bevölkerung"[144] behalten. Strauß, der sich in seinem *Spiegel*-Text als der „letzte Deutsche" imaginiert, als Angehöriger eines aussterbenden Volks,

139 Vgl. Ben Bolz / Johannes Jolmes: Deutsche Frauen: Bedroht von „lüsternen Flüchtlingen"? http://daserste.ndr.de/panorama/archiv/2015/Deutsche-Frauen-Bedroht-von-Fluechtlingen,rassismus126.html (Zugriff am 16.07.2016).

140 Matthias Matussek: „Deutschland fluten? Da möchte ich gefragt werden." In: *Welt*, 28.09.2015. http://www.welt.de/politik/deutschland/article146941915/Deutschland-fluten-Da-moechte-ich-gefragt-werden.html (Zugriff am 11.07.2016).

141 Ebd.

142 Botho Strauß: Der letzte Deutsche. Uns wird die Souveränität geraubt, dagegen zu sein. In: *Spiegel*, 02.10.2015, S. 122–124, hier S. 124.

143 Matussek: „Deutschland fluten?".

144 Ebd.

konstatiert, es gebe stattdessen die bloßen „Sozial-Deutschen", deren Bindung an eine heroische Nationalliteratur „von [Johann Georg] Hamann bis [Ernst] Jünger" usw. und damit zu ihrer Identität gekappt sei.[145] Und selbstverständlich spricht er hier von ‚Wurzeln' bzw. von ihrer Zerstörung. Solche „Sozial-Deutschen" seien „nicht weniger entwurzelt […] als die Millionen Entwurzelten, die sich nun zu ihnen gesellen"[146].

Die Metaphern des Flutens und des Überschwemmens führen zu Zirkelschlüssen innerhalb des Zirkelschlusses. In der Invasionsbiologie werden ‚fremde Pflanzen', die sich intensiv, also massenhaft und unkontrolliert, vermehren, mit dem englischen Begriff *swamper* (dt. *Überschwemmer*) belegt.[147] Und wenn sich Safranski und Matussek im erwähnten *Welt*-Gespräch darüber unterhalten, dass „die Gesellschaft einknickt, dass sie gar keine Widerstandskraft mehr hat" gegen die „Flutung […] mit Fremden"[148], dann erinnert auch das an die invasionsbiologischen Anleihen bei der Immunologie, die von gestörten Ökosystemen und ihrer fehlenden ‚Resistenz', der mangelnden Fähigkeit, bedrohliche fremde Eindringlinge zu identifizieren bzw. von großer Aggressivität der Neophyten sprechen. Ich habe das im ersten Teil dargestellt.

Metaphernspiegelungen: Menschen als wurzelnde Pflanzen – Stadt und Gesellschaft als (von Überfremdung bedrohte) Ökosysteme? In der Tat existiert eine Leitmetapher der ‚Stadt als Ökosystem'. Geprägt wurde sie bekanntlich von der Chicago School um Robert Ezra Park. In seiner Grundlegung eines ökologischen Ansatzes zur Beschreibung menschlicher Gesellschaften räumt Roderick D. McKenzie 1925 zwar ein:

145 Strauß: Der letzte Deutsche, S. 123.

146 Ebd.

147 Vgl. Eser: Projektionsfeld, S. 176–177.

148 Matussek: „Deutschland fluten?"

> [T]he human community differs from the plant community in the two dominant characteristics of mobility and purpose, that is, in the power to select a habitat and in the ability to control or modify the conditions of the habitat.[149]

Nichtsdestotrotz dient ihm die Pflanzengesellschaft als soziologische Erklärungsfolie:

> The structural growth of community takes place in successional sequence not unlike the successional stages in the development of the plant formation. Certain specialized forms of utilities and uses do not appear in the human community until a certain stage of development has been attained, just as the beech or pine forest is preceded by successional dominance of other plant species. And just as in plant communities succession are the products of invasion, so also in the human community the formations, segregations, and associations that appear constitute the outcome of a series of invasions.[150]

Bei diesen Überlegungen zu Sukzessionen und Invasionen bezieht sich McKenzie auf den Botaniker Frederic Edward Clements und dessen Theorie zur Sukzession der Pflanzengesellschaften und deren Streben zur jeweiligen, ausbalancierten ‚Schlussgesellschaft',[151] wie sie nach dem „klassischen Ansatz der frühen Ökologie"[152] in Mitteleuropa durch (die von McKenzie angeführten) Buchenwälder repräsentiert werden. Nach diesem „Klimax-Modell"[153] ist im ‚Kampf ums Dasein' ein Gleichgewichtszustand das „Ziel, dem das Ökosystem schnellstmöglich zustrebt"[154]. Nur „der ausgereifte, alte Wald" wird hier „als ‚naturnah' taxiert".[155] Abweichungen, Eingriffe oder Störungen erscheinen grundsätzlich als „Katastrophe", weshalb forstlich durch Pflanzungen und Aussaaten die „klimaxfernen Sukzessionsphasen möglichst schnell"

149 McKenzie: Ecological Approach, S. 64–65.

150 Ebd., S. 74.

151 Ebd., S. 74–75.

152 Wolfgang Scherzinger: *Naturschutz im Wald. Qualitätsziele einer dynamischen Waldentwicklung*. Stuttgart: Ulmer 1996, S. 177.

153 Ebd.

154 Ebd.

155 Ebd., S. 178.

überbrückt werden sollen, um den „Schlusswald" als „Normalwald" zu erreichen. Nur dessen raumzeitliche Homogenität garantiert danach eine hohe Artenvielfalt.[156]

In der Anleihe McKenzies bei Clements wird der nächste Zirkelschluss deutlich. Denn bei Clements – wie überhaupt für ökologische Theorien – lassen sich systematisch Analogien zu „politischen Philosophien der Vergesellschaftung"[157] zeigen. Clements Theorie gilt als Paradebeispiel „eines Organizismus in der Ökologie"[158]. Wie im organismischen Gesellschaftsbild des Konservatismus wird Gemeinschaft als „funktionale Ganzheit" entworfen, die „sich zielgerichtet von einem Jugend- zu einem Klimaxstadium" entwickelt.[159] Allerdings sieht er die Artenzusammensetzung (darin ähnlich dem Gesellschaftsbild des Liberalismus) als Ergebnis von Konkurrenz, die bei ihm aber „nicht das freie Spiel der Kräfte, sondern zweckmäßig für die zielgerichtete Höherentwicklung einer hierarchischen Gemeinschaft"[160] ist.

Auch die Chicago School betont, ganz sozialdarwinistisch, das Prinzip der Konkurrenz als grundlegend für die räumlichen Verteilungen von Bevölkerungsgruppen;[161] sie betont ebenso eine „climax stage"[162] als den Punkt in einem Prozess von Invasionen und Anpassungen, ab dem ein dominantes Ökosystem entsteht, das weiteren Invasionen widerstehen kann. Segregationen zwischen sozialen und ‚ethnischen' Gruppen verlaufen in dieser Perspektive quasi natürlich: „Everyone knows how racial

156 Scherzinger: *Naturschutz*, S. 178–179.

157 Annette Voigt: ‚Wie sie ein Ganzes bilden' – analoge Deutungsmuster in ökologischen Theorien und politischen Philosophien der Vergesellschaftung. In: Thomas Kirchhoff / Ludwig Trepl (Hrsg.): *Vieldeutige Natur. Landschaft, Wildnis und Ökosystem als kulturgeschichtliche Phänomene*. Bielefeld: Transcript 2009, S. 331–347, hier S. 331.

158 Ebd., S. 340.

159 Ebd.

160 Ebd.

161 Vgl. Robert E. Park / Ernest W. Burgess: *Introduction to the Science of Sociology*. Chicago: University of Chicago Press 1928.

162 McKenzie: Ecological Approach, S. 77.

and lingustic colonies develop in all of our large cities".[163] Die einzelnen segregierten Stadtteile erscheinen hier als „natural areas", werden mitunter aber auch als „formations" bezeichnet, „to use the term of the plant ecologist".[164]

Der Humangeograph Tim Cresswell hat sich 1997 in einem Aufsatz mit „Metaphors of Displacement" beschäftigt. Ähnlich wie Susanne Lüdemann betont er die Wirkmächtigkeit gerade von toten Metaphern,[165] also Gemeinplätzen, soziale Wahrheiten und Bedingungen zu schaffen und zu materialisieren. Er zeichnet nach, wie die Leitmetapher *city as ecosystem* zu einem Handlungsmuster wurde, unerwünschte Bevölkerungsgruppen auszusondern und zu verdrängen, so etwa bei der rassistischen Segregation in den USA bis in die Mitte des 20. Jahrhunderts. Nach Cresswell entschieden hier Gerichte darüber, wo Schwarze leben durften oder nicht, indem sie direkt und wortwörtlich auf Metaphern aus den Lehrsätzen der Chicago School zurückgriffen: ‚Invasion', ‚Sukzession' im Sinne veränderter Pflanzengesellschaften, ‚Infiltration' und ‚Übergriff',[166] Sprachbilder, die nicht von ungefähr an die Klassifizierung unerwünschter Neophyten erinnern.

In den 1990er Jahren initiierte das US-Justizministerium für ausgewählte Großstädte ein Programm gegen Gewalt, Bandenkriminalität und Drogenkonsum. Der Titel lautete *Weed and Seed* (dt. *Unkraut und gute Saat*). Hier wurden unerwünschte Gruppen assoziiert mit ‚Unkraut' – dem botanischen Äquivalent von Schmutz – mit unkultivierten, unerwünschten und sich ungezügelt vermehrenden Pflanzen, die die erwünschten Arten in Garten und Kulturlandschaft verdrängen (analog zu den Zuschreibungen aggressiver Neophyten). Das Verb *to weed* bezeichnet zugleich das Jäten des ‚Unkrauts'.[167]

163 Ebd., S. 78.

164 Ebd., S. 77.

165 Vgl. Lüdemann: Metaphern, S. 43.

166 Cresswell: Weeds, S. 336.

167 Ebd., S. 335–336.

Solche Metaphern der botanischen Verwilderung passen sich ein in den Topos der Großstadt als (feminisierte) Wildnis. Was nach dem Fallen der Stadtmauern im 18. Jahrhundert aus der Perspektive „der bürgerlichen *als einer männlichen Ordnung*" als rasant wuchernde Unordnung und Entgrenzung von Stadt und Land erscheint, so Susanne Frank, wird mit der Industrialisierung zur Wahrnehmung einer „‚fortwährende[n] Umwälzung', ‚Erschütterung' oder ‚Auflösung' aller gesellschaftlichen Traditionen, Normen und Werte".[168] So werden Ende des 19. Jahrhunderts in England die Arbeiter_innen- und Elendsviertel als „dunkler und wilder als das ‚schwärzeste Afrika'" beschrieben, als *terra incognita* und „swamps".[169] Der ‚Großstadtdschungel' kann ebenso zum Abenteuerort imaginiert werden. Walter Benjamin verweist auf Alexandre Dumas' *Lederstrumpf*-Adaption *Mohicans de Paris* und ihre „Poesie des Schreckens [...] amerikanische[r] Wälder, in denen feindliche Stämme auf dem Kriegspfad" sind im „Urwald in der d'Enfer-Straße".[170] Der *Asphalt-Dschungel*, wie der deutsche Titel von John Hustons Film noir von 1950 lautet, ist bis heute geläufig.[171]

Für National-Konservative, für die völkische Heimatbewegung im deutschsprachigen Raum des 19. und frühen 20. Jahrhunderts, sind Städte Orte der Proletarisierung und damit Entwurzelung des ‚Bauern' als ‚Erhalter der Rasse'.[172] Oswald Spengler schreibt 1923, die Stadt versammle eine entwurzelte und formlose Masse statt eines Volkes, eine Masse, die alle Arten der Form, der natürlichen Hierarchie, der Ordnung und der Kultur hasse:

168 Susanne Frank: *Stadtplanung im Geschlechterkampf. Stadt und Geschlecht in der Großstadtentwicklung des 19. und 20. Jahrhunderts.* Opladen: Leske + Budrich 2003, S. 43–47. (Herv. i. Orig.)

169 Ebd., S. 54–56.

170 Walter Benjamin: *Charles Baudelaire. Ein Lyriker im Zeitalter des Hochkapitalismus*, hrsg. v. Rolf Tiedemann. Frankfurt am Main 1974, S. 37–40.

171 *The Asphalt Jungle* (*Asphalt-Dschungel*, USA 1950, R: John Huston).

172 Vgl. Termeer: *Verkörperungen*, S. 436–438.

Statt einer Welt eine Stadt, ein Punkt, in dem sich das ganze Leben weiter Länder sammelt, während der Rest verdorrt; statt eines formvollen, mit der Erde verwachsenen Volkes ein neuer Nomade, ein Parasit, der Großstadtbewohner, der reine, traditionslose, in formlos funktionierender Masse auftretende Tatsachenmensch, irreligiös, intelligent, unfruchtbar, mit einer tiefen Abneigung gegen das Bauerntum (und dessen höchste Form, den Landadel), also ein ungeheurer Schritt zum Anorganischen, zum Ende.[173]

Auch noch einige Jahrzehnte nach 1945 gilt die Großstadt der konservativen Kulturkritik in Deutschland als Ort der „Entwurzelung" und „sozialen Entfugung", wie Elisabeth Pfeil, eine Mitarbeiterin Arnold Gehlens und Helmut Schelskys, 1955 betont.[174]
Da die grundsätzliche Großstadtfeindschaft des Konservativismus inzwischen passé ist, hat sich an der Stoßrichtung bis heute Entscheidendes verändert. Ehedem verrufene Arbeiter_innenviertel sind in der Ära des Fordismus, also bis in die 1970er Jahre, zu großen Teilen verschwunden. An ihre Stelle als diskursiv ausgegrenzte Räume sind heute migrantische Viertel getreten.[175] Und bei den Konstruktionen ‚überfremdeter' Quartiere[176] kommen wieder die Theoreme der Chicago School ins Spiel. Vor allem die Chicago School begründete und etablierte das Modell homogener ethnischer, kultureller und territorialer Einheiten in der Stadtforschung und popularisierte sie zugleich. Ihr Einfluss lässt sich bis heute in den verbreiteten Diskursen über migrantische Quartiere auch in Europa nachverfolgen.[177]

173 Spengler: *Untergang*, S. 445.

174 Zit. n. Frank: *Stadtplanung*, S. 43.

175 Vgl. Dirk Gebhardt: „Gefährlich fremde Orte" – Ghetto-Diskurse in Berlin und Marseille. In: Ders. / Ulrich Best: *Ghetto-Diskurse. Geographie der Stigmatisierung in Marseille und Berlin*. Potsdam: Universitätsbibliothek Publikationsstelle 2001, S. 11–89, hier S. 39.

176 Dass solche Quartiere noch immer mit Wildnismetaphern belegt werden, zeigt der ‚Dschungel' im französischen Calais. Gemeint ist das bloß geduldete Camp, in dem tausende Geflüchtete unter katastrophalen Bedingungen hausen müssen.

177 Vgl. Gebhardt: „Gefährlich fremde Orte", S. 39.

Menschen mit ‚Wurzeln woanders' können danach homogene Räume der Überfremdung bilden.

In einem Interview wurde der Fernsehstar Erol Sander gefragt: „Es gibt viele deutsche Topstars mit türkischen Wurzeln. Stehen Sie in besonderem Kontakt miteinander?"[178] Die Kehrseite dieser naiven Realsatire, in der alle Menschen mit denselben ‚Wurzeln' eine Community bilden müssen, zeigt sich im breiten öffentlichen und politischen Diskurs der Überfremdung städtischer Räume, der nicht selten auch Grundlage wissenschaftlicher Überlegungen ist und in denen der Einfluss der *natural areas* der Chicago School noch immer deutlich wird. So etwa in der 1998 von der Friedrich-Ebert-Stiftung veranstalteten Diskussion *Ghettos oder ethnische Kolonien?*[179] Im selben Jahr entwickelte Wilhelm Heitmeyer sein einflussreiches Szenario „zunehmend ethnospezifisch" segregierter Stadträume, „bei denen auch die Gruppengrenzen ideologisch, kulturell und räumlich abgedichtet werden können".[180] Er nannte sie schlicht „ethnische Schraubstöcke"[181], aus denen es kaum ein Entkommen gebe und die gleichzeitig zu einer Bedrohung für die gesamte Stadtgesellschaft werden könnten. Schon 1988 hatte dagegen Bernhard Nauck unter Verweis auf wiederholte empirische Ergebnisse geschrieben, dass es sich

178 Erol Sander: „Ich bin a Münchner, a Bayer, a Deutscher". In: *Welt*, 09.01.2013. http://www.welt.de/newsticker/leute/stars/article112636885/Erol-Sander-Ich-bin-a-Muenchner-a-Bayer-a-Deutscher.html (Zugriff am 29.07.2016).

179 Forschungsinstitut der Friedrich-Ebert-Stiftung, Abt. Arbeit und Sozialpolitik (Hrsg.): *Ghettos oder ethnische Kolonien. Entwicklungschancen von Stadtteilen mit hohem Zuwanderanteil*. Bonn: Selbstverlag 1998.

180 Wilhelm Heitmeyer: Versagt die „Integrationsmaschine" Stadt? Zum Problem der ethnisch-kulturellen Segregation und ihrer Konfliktfolgen. In: Ders. / Rainer Dollase / Otto Backes (Hrsg.): *Die Krise der Städte. Analysen zu den Folgen desintegrativer Stadtentwicklung für das ethnisch-kulturelle Zusammenleben*. Frankfurt am Main: Suhrkamp 1998, S. 443–467, hier S. 448.

181 Ebd., S. 453.

um ein ethnozentristisches Mißverständnis handelt, wenn von der Häufigkeit des Auftretens von „sichtbaren" Ausländern in bestimmten Wohnquartieren darauf geschlossen wird, daß diese dann auch untereinander intensive Beziehungen hätten.[182]

Solche ethnozentristischen Missverständnisse fließen aber nach wie vor ein in stadtforscherische Untersuchungsdesigns mit ihren häufigen Konstruktionen ethnisch-kulturell uniformer Gruppen.[183] Gruppen ‚sichtbarer Ausländer' provozieren demnach auch weiterhin ein Denken in „Kategorien von natürlichen kulturellen Gemeinschaften von MigrantInnen gleicher Herkunft und deren Territorien", deren Außenbeziehungen „als grundsätzlich konflikthaft angesehen" werden, wie im Ghetto-Modell der Chicago School, in dem „Ort und Bewusstsein der Bewohner nur gegenseitig aufeinander verweisen", während „die Außenwelt nur als [positiver] Maßstab, nicht aber als Kausalfaktor" erscheint.[184]
Auf Wohnquartiere in Deutschland bezogene Überfremdungsdiskurse der letzten Jahre bezeichnen Klaus Ronneberger und Vassilis Tsianos mit Louis Althusser als „Raum-Ideologie"[185] im Sinne einer hegemonialen Sichtweise. Diese Ideologie äußert sich medial, politisch, alltagstheoretisch, aber auch sozialwissenschaftlich in Erzählungen über ‚Ghettos' und einen ungesteuerten ‚Zuzug von Ausländern', die sich als ‚Problemgruppen' und ‚Risikopopulation' ballen. Stadtviertel werden in dieser Perspektive zu ‚überfremdeten' und daher ‚überforderten'

182 Bernhard Nauck: Sozial-ökologischer Kontext und außerfamiliäre Beziehungen. Ein interkultureller und interkontextueller Vergleich am Beispiel von deutschen und türkischen Familien. In: Jürgen Friedrichs (Hrsg.): *Soziologische Stadtforschung* (= *Kölner Zeitschrift für Soziologie und Sozialpsychologie*, Sonderheft 29). Opladen: Westdeutscher Verlag 1988, S. 310–327, hier S. 326.

183 Vgl. Hess / Lebuhn: Politiken der Bürgerschaft, S. 12.

184 Gebhardt: „Gefährlich fremde Orte", S. 40–41.

185 Klaus Ronneberger / Vassilis Tsianos: Panische Räume. Das Ghetto und die „Parallelgesellschaft". In: Hess / Binder / Moser (Hrsg.): *No Integration?!*, S. 137–152, hier S. 137.

Quartieren, zu „explosiven“ und „[p]anische[n] Räume[n]“.[186] Eine Raum-Ideologie, die Assoziationen weckt, in denen Migrant_innen und deren Nachkommen zu invasiven Neophyten werden, die in ihrer wachsenden Anzahl als Ökosysteme gedachte Stadträume überfremden, damit aus der Balance bringen und mit dem Zusammenbruch bedrohen?

Als paradigmatisch erscheint hier die 1998 im Auftrag des Bundesverbands Deutscher Wohnungsunternehmen publizierte und einflussreiche Studie *Überforderte Nachbarschaften*. Darin heißt es:

> Die einheimischen Bewohner werden zu Fremden im eigenen Land. [...] Die oft schon seit Jahrzehnten in Siedlungen mit einem jetzt hohen Einwandereranteil lebenden Bewohner fühlen sich alleingelassen, überfordert und verraten. Sie müssen stellvertretend für andere, die in „geschützten“ Wohngebieten leben, die gesamte Integrationslast tragen.[187]

Zwar räumen die Autor_innen an anderer Stelle ein, dass in westdeutschen Großwohnsiedlungen, die zunehmend geprägt seien durch eine „hohe Konzentration von Aussiedlern, Ausländern, Arbeitslosen und auch alleinerziehenden Frauen“ und damit durch ein „Milieu der Ärmlichkeit“, letztlich ‚Einheimische‘ wie ‚Fremde‘, Wohnungsgesellschaften wie Kommunen und der Staat gleichermaßen an „Überforderung“ leiden würden.[188] Nichtsdestotrotz ist die Stoßrichtung klar: Gewarnt wird vor „Sozialghettos der Zukunft“[189], vor Räumen also, in denen die ‚soziale Mischung‘ nicht mehr stimme, sondern vielmehr eine unerwünschte Homogenität herrsche.

Der bundesdeutsche Mythos der sozialen Mischung in Stadtquartieren, der sich flächendeckend in kommunalen wie wohnungswirtschaftlichen Richtlinien niederschlägt, bezieht

186 Ronneberger / Tsianos: Panische Räume, S. 145–146.

187 Marie-Therese Krings-Heckemeier / Ulrich Pfeiffer: *Überforderte Nachbarschaften. Soziale und ökonomische Erosion in Großsiedlungen*. Köln / Berlin: GdW 1998, S. 33.

188 Ebd., S. 4–5.

189 Ebd., S. 105.

sich nahezu ausschließlich darauf, Konzentrationen von Migrant_innen und Empfänger_innen von Sozialleistungen zu vermeiden. Homogene Quartiere Wohlhabender werden dagegen kaum je problematisiert.[190] Die immer wieder beschworenen Gefahren der Invasion und Homogenisierung durch ‚Fremde' lässt sich durchaus als eine Art Ökosystemlogik verstehen. Assoziationen mit dem oben skizzierten Klimax-Modell der Schlusswaldgesellschaft und deren (Zer-)Störung liegen hier nah. Zumindest lassen sich aber wieder Zirkelschlüsse zwischen Auffassungen der Invasionsbiologie und Konstruktionen ‚überforderter Nachbarschaften' feststellen. In der Fernsehdokumentation *Invasion der Pflanzen*, mit der ich mich im ersten Teil beschäftigt habe, warnt der Umweltbiologe Uwe Starfinger vor einer „Homogenisierung der Lebenswelt"[191] durch konkurrenzstarke und aggressive Neophyten.

Die Studie *Überforderte Nachbarschaften*, der Ronneberger und Tsianos „rassistische Konnotationen"[192] nachweisen, ist begrifflich in das seit 1999 bundesweit betriebene Programm *Soziale Stadt* eingeflossen.[193] Laut Programmdefinition sind unter anderem ein „hohe[r] Anteil an Menschen mit Migrationshintergrund und Transferleistungsempfänger[n]"[194] Kennzeichen benachteiligter Quartiere, wie etwa die Stadtverwaltung Freiburg für den Stadtteil Weingarten-West ausführt. In den Argumentationsmustern des Programms sind bestimmte Gegensatzpaare fest verankert: zum einen die Gruppen der oft ethnisierten und kulturalisierten Migrant_innen

190 Vgl. Ronneberger / Tsianos: Panische Räume, S. 144.

191 Starfinger spricht zwar von „der Lebenswelt global", der Film thematisiert aber ausschließlich eine Bedrohung Westeuropas.

192 Ronneberger / Tsianos: Panische Räume, S. 147. In der Studie wird z. B. der Gang zum Sozialamt als hoch schambesetzt für „Einheimische" beschrieben, während für „Ausländer" derartiges „offensichtlich ein großer Teppichhandel" sei, der abgezockt „bis zur Erschöpfung der Schalterbeamten" geführt werde (Krings-Heckemeier / Pfeiffer: *Überforderte Nachbarschaften*, S. 37).

193 Ronneberger / Tsianos: Panische Räume, S. 147.

194 Soziale Stadt Weingarten-West. http://www.freiburg.de/pb/,Lde/344685.html (Zugriff am 28.07.2016).

und der ‚Deutschen' innerhalb der Wohnquartiere, zum anderen die benachteiligten Quartiere und die Stadt insgesamt. „Integration" wird in dieser Hinsicht zum „hegemoniale[n] Knotenpunkt im *Soziale Stadt*-Diskurs" und so ausgestattet mit einer eigenen Handlungsdringlichkeit.[195]

Aus „überforderten Nachbarschaften" kann in den Verlautbarungen zur Ankunft Geflüchteter seit dem Sommer 2015 gleich ein „überfordertes Deutschland"[196] werden. Ein solches konstatiert die *FAZ* im Juli 2015 und malt eine „breite Spur der Verunsicherung" aus, die sich „durch Politik und Gesellschaft" ziehe.[197] Und als Signum dieser „Verunsicherung"[198] macht das Blatt Zustände aus, die bislang offenbar nur in den Krisengebieten weit weg normal sein sollen, Räume ‚sichtbarer Ausländer' in ‚fremden Formationen', die sich nun auch bei ‚uns' zeigen und sprunghaft vermehren:

> Jetzt werden Asylbewerber (und andere Migranten) auch in Deutschland in Zelten untergebracht. Das kannte man bisher nur aus den Krisenregionen des Nahen Ostens, Vorderasiens und Afrikas und führt vor Augen, wie sehr die deutschen Behörden von dem immer größer werdenden Flüchtlingsstrom überfordert werden.[199]

In den Monaten nach Erscheinen des Artikels wird das Lamento über eine ‚deutsche Überforderung' zum Generalbass der politischen und medialen Verlautbarungen.

Gerade vor dem Hintergrund von Flucht und Migration wird weiter zu beobachten sein, in welcher Weise sich naturalisierende Metaphern wie ‚Wurzeln' oder ‚Stadt als Ökosystem'

195 Florian Daniel Weber: *Soziale Stadt – Politique de la Ville – Politische Logiken. (Re-)Produktion kultureller Differenzierungen in quartiersbezogenen Stadtpolitiken in Deutschland und Frankreich.* Wiesbaden: Springer VS 2013, S. 107.

196 Klaus-Dieter Frankenberger: Überfordertes Deutschland. In: *FAZ*, 28.07.2015. http://www.faz.net/aktuell/politik/inland/kommentar-von-klausdieter-frankenberger-zu-fluechtlingsunterbringung-13722517.html (Zugriff am 20.07.2016).

197 Ebd.

198 Ebd.

199 Ebd.

auswirken. Wie äußert sich ein unreflektierter Essentialismus etwa innerhalb der Diskurse eines ‚postmaterialistisch' erneuerten Kapitalismus, wie er sich in den Entwürfen einer *green creative city* zeigt? Welche Rolle werden naturalisierende Metaphern weiterhin innerhalb einer neoliberalen Stadtentwicklung mit ihren Segregationen und räumlichen Kontrollstrategien spielen? Zu untersuchen wäre nicht zuletzt, wie sich hier zunehmend ein offener Biologismus äußern wird, angesichts rechter Beschwörungen von ‚Wurzeln', wenn etwa der einflussreiche völkische AfD-Protagonist Björn Höcke Pegida von rechts kritisiert, bei deren Betonung eines „christlich-jüdisch geprägten Abendland[es]" vermisse er die „antiken und germanischen Wurzeln"[200]; aber auch angesichts des immensen Erfolgs, den der Hobbygenetiker Thilo Sarrazin schon seit 2010 feiern konnte. In *Deutschland schafft sich ab* zitiert er den niederländischen Soziologen Paul Scheffer mit den Worten, die „Welt" habe „sich in unseren Stadtvierteln eingenistet, und das ist eine verwirrende und schockierende Erfahrung",[201] um seine eigenen Aussagen zu illustrieren. Die bringt Sarrazin selbst dann mit einer rhetorisch gemeinten Frage auf den Punkt: „Eroberung durch Fertilität?"[202] Die Ähnlichkeit zu den Argumentationsmustern der Invasionsbiologie bezüglich aggressiver Neophyten ist hier unverkennbar.

Naturalisierungen sozialer Konstruktionen des Anderen und des Fremden führen zu Legitimierungen antagonistischer und hierarchisierender Strukturen. Behauptet wird damit die Existenz unhinterfragbarer kultureller Differenzen. Anders gesagt: Der Wurzelgemeinplatz ist auch dann, wenn er eine erwünschte Vielfalt ausdrücken soll, letztlich nicht ohne die Metapher der

200 Zit. n. Helmut Kellersohn: Risse im Gebälk. Flügelkämpfe in der jungkonservativen Neuen Rechten und der AfD. In: Alexander Häusler: *Die Alternative für Deutschland. Programmatik, Entwicklung und politische Verortung.* Wiesbaden: Springer VS 2016, S. 181–200, hier S. 191, Anm. 11.

201 Zit. n. Thilo Sarrazin: *Deutschland schafft sich ab. Wie wir unser Land aufs Spiel setzen.* 5. Aufl. München: DVA 2010, S. 265.

202 Ebd., S. 316.

Stadt als bedrohtem Ökosystem zu haben. Auch in hybriden Stadtlandschaften kommt es also offenbar darauf an, wie groß die Anzahl von Menschen mit ‚fremden Wurzeln' ist und wie ‚sichtbar' sie sind. Denn der Mythos der sozialen Mischung existiert weiter in der postfordistischen Stadt mit ihren Verflüssigungen starrer Grenzen (und ihrer Schaffung neuer Grenzen). Quartiere der Einwanderung können aus dieser Perspektive zu ‚sozialen Brennpunkten' werden, zu unsicheren und unkontrollierten Räumen, die im Gegensatz zur geforderten Ästhetisierung des Urbanen stehen.

Die Notwendigkeit, Naturalisierungen sozialer Konstruktionen zu dekonstruieren, vergrößert sich in Zeiten des europaweit erstarkenden Rechtspopulismus und -radikalismus, der gesteigerten Abschottung gegen Flucht und Migration. Zu fragen bleibt, wie sich in diesem Zusammenhang die herrschenden Vorstellungen einer gegenwärtigen oberflächlichen Hybridgesellschaft insgesamt verändern werden.

Abbildungsverzeichnis

Literaturverzeichnis

Bhabha, Homi K.: *Die Verortung der Kultur* [1994], aus d. Engl. v. Michael Schiffmann / Jürgen Freudl. Tübingen: Stauffenburg 2000.

Benjamin, Walter: *Charles Baudelaire. Ein Lyriker im Zeitalter des Hochkapitalismus*, hrsg. v. Rolf Tiedemann. Frankfurt am Main: Suhrkamp 1974.

Bienfait, Agathe: *Im Gehäuse der Zugehörigkeit. Eine kritische Bestandsaufnahme des Mainstream-Multikulturalismus.* Wiesbaden: VS 2006.

Birkhan, Helmut: *Pflanzen im Mittelalter. Eine Kulturgeschichte.* Wien / Köln / Weimar: Böhlau 2012.

Borkenau, Franz: *Der Übergang vom feudalen zum bürgerlichen Weltbild. Studien zur Geschichte der Philosophie der Manufakturperiode.* Paris: Alcan 1934.

Bröckling, Ulrich: *Das unternehmerische Selbst. Soziologie einer Subjektivierungsform.* Frankfurt am Main: Suhrkamp 2007.

Bühler, Benjamin / Stefan Rieger: *Das Wuchern der Pflanzen. Ein Floregium des Wissens.* Frankfurt am Main: Suhrkamp 2009.

Butler, Judith: *Das Unbehagen der Geschlechter* [1990]. Frankfurt am Main: Suhrkamp 1991.

—: *Körper von Gewicht. Die diskursiven Grenzen des Geschlechts* [1993]. Berlin: Berlin Verlag 1995.

Callenbach, Ernest: *Ökotopia. Notizen und Reportagen von William Weston aus dem Jahre 1999* [1975], aus d. Amerik. v. Ursula Clemeur / Reinhard Merker. Berlin-West: Rotbuch 1978.

Canetti, Elias: *Masse und Macht* [1960]. Frankfurt am Main: Fischer 1992.

Cresswell, Tim: Weeds, Plagues and Bodily Secretions. A Geographical Interpretation of Metaphors of Displacement. In: *Annals of the Association of American Geographers* 87 (1997), S. 330–345.

Decker, Oliver / Marliese Weißmann / Johannes Kiess / Elmar Brähler: *Die Mitte in der Krise. Rechtsextreme Einstellungen in Deutschland 2010.* Berlin: FES 2010.

Deleuze, Gilles / Félix Guattari: *Rhizom* [1976], aus d. Franz. v. Dagmar Berger / Clemens-Carl Haerle / Helma Konyen / Alexander Krämer / Michael Nowak / Kade Schacht. Berlin: Merve 1977.

Dörhöfer, Pamela: Robust, vital und hochallergen. Die Beifußambrosie ist in Europa auf dem Vormarsch / Wissenschaftler warnen. In: *FR*, 10.03.2014, S. 28.

Durchführungsverordnung (EU) 2016/1141 der Kommission vom 13. Juli 2016 zur Annahme einer Liste invasiver gebietsfremder Arten von unionsweiter Bedeutung gemäß der Verordnung (EU) Nr. 1143/2014 des Parlaments und des Rates. In: *Amtsblatt der Europäischen Union* L 189, 14.07.2016, S. 4–8.

Enzensberger, Hans Magnus: Zur Kritik der politischen Ökologie. In: *Kursbuch* 33 (1973), S. 1–42.

Eser, Uta: *Der Naturschutz und das Fremde. Ökologische und normative Grundlagen der Umweltethik*. Frankfurt am Main / New York: Campus 1999.

—: Projektionsfeld fremde Arten. Soziale Konstruktionen des Fremden in ökologischen Theorien. In: Ludwig Fischer (Hrsg.): *Projektionsfläche Natur. Zum Zusammenhang von Naturbildern und gesellschaftlichen Verhältnissen*. Hamburg: Hamburg UP 2004, S. 165–192.

Fischer-Lichte, Erika: *Ästhetik des Perfomativen*. Frankfurt am Main: Suhrkamp 2004.

Florida, Richard: *The Rise of the Creative Class. And How It's Transforming Work, Leisure, Community and Everyday Life*. New York: Basic 2002.

Forschungsinstitut der Friedrich-Ebert-Stiftung, Abt. Arbeit und Sozialpolitik (Hrsg.): *Ghettos oder ethnische Kolonien. Entwicklungschancen von Stadtteilen mit hohem Zuwanderanteil*. Bonn: Selbstverlag 1998.

Frank, Susanne: *Stadtplanung im Geschlechterkampf. Stadt und Geschlecht in der Großstadtentwicklung des 19. und 20. Jahrhunderts*. Opladen: Leske + Budrich 2003.

Gajevic, Mira: „Wir sind deutsch." Die Nachfahren von Einwanderern fordern ein Umdenken in der Integrationspolitik des Bundes. In: *FR*, 10.02.2015, S. 7.

Gebhardt, Dirk: „Gefährlich fremde Orte" – Ghetto-Diskurse in Berlin und Marseille. In: Ders. / Ulrich Best: *Ghetto-Diskurse. Geographie der Stigmatisierung in Marseille und Berlin*. Potsdam: Universitätsbibliothek Publikationsstelle 2001, S. 11–89.

Gilroy, Paul: Der *Black Atlantic*. In: Ders. / Tina Campt / Haus der Kulturen der Welt (Hrsg.): *Der Black Atlantic*. Berlin: Haus der Kulturen der Welt 2004, S. 12–31.

Girgert, Werner: Erfolgsrezept mit Schönheitsfehlern. Einst versprach Richard Florida den Städten großen Reichtum durch die Kreativwirtschaft. Jetzt korrigiert er sich. In: *FR*, 09.04.2013, S. 35.

Glick Schiller, Nina / Linda Basch / Cristina Blanc-Szanton: Transnationalismus: Ein neuer analytischer Rahmen zum Verständnis von Migration. In: Heinz Kleger (Hrsg.): *Transnationale Staatsbürgerschaft*. Frankfurt am Main / New York: Campus 1997, S. 81–107.

Glissant, Édouard: Poetik der Relation. Theorien. In: Tina Campt / Paul Gilroy / Haus der Kulturen der Welt (Hrsg.): *Der Black Atlantic*. Berlin: Haus der Kulturen der Welt 2004, S. 55–68.

Göpfert, Claus-Jürgen: Daniela Matha. Eine Frau baut Offenbach um. Die Managerin treibt den Wandel voran – für begüterte Einwohner und höhere Mieten. In: *FR*, 28.10.2014, S. D6–D7.

Görg, Christoph: *Regulation der Naturverhältnisse. Zu einer kritischen Theorie der ökologischen Krise*. Münster: Westfälisches Dampfboot 2003.

Gutiérrez Rodriguez, Encarnación: Gouvernementalität und die Ethnisierung des Sozialen. Migration, Arbeit und Biopolitik. In: Dies. / Marianne Pieper (Hrsg.): *Gouvernementalität. Ein sozialwissenschaftliches Konzept in Anschluss an Foucault*. Frankfurt am Main / New York: Campus 2003, S. 161–178.

Ha, Kien Nghi: *Hype um Hybridität. Kultureller Differenzkonsum und postmoderne Verwertungstechniken im Spätkapitalismus*. Bielefeld: Transcript 2005.

Hahn, Dorothea: „Ein rassistisches Land." 4. Juli: Die amerikanische Revolution von 1776 gilt als Geburtsstunde der modernen Demokratie. Sie war aber eine Gegenrevolution und hat die Sklaverei befördert, sagt Historiker Gerald Horne. In: *taz*, 04.07.2014, S. 11.

Hall, Stuart: *Rassismus und kulturelle Identität. Ausgewählte Schriften 2*, aus d. Engl. v. Ulrich Mehlem. Hamburg: Argument 1994.

Heeg, Susanne / Marit Rosol: Neoliberale Stadtpolitik im globalen Kontext. Ein Überblick. In: *Prokla* 149 (2007): Globalisierung und Spaltung in den Städten, S. 491–509.

Heitmeyer, Wilhelm: Versagt die „Integrationsmaschine" Stadt? Zum Problem der ethnisch-kulturellen Segregation und ihrer Konfliktfolgen. In: Ders. / Rainer Dollase / Otto Backes (Hrsg.): *Die Krise der Städte. Analysen zu den Folgen desintegrativer Stadtentwicklung für das ethnisch-kulturelle Zusammenleben*. Frankfurt am Main: Suhrkamp 1998, S. 443–467.

Hess, Sabine / Johannes Moser: Jenseits der Integration. Kulturwissenschaftliche Betrachtung einer Debatte. In: Dies. / Jana Binder (Hrsg.): *No Integration?! Kulturwissenschaftliche Beiträge zur Integrationsdebatte in Europa*. Bielefeld: Transcript 2009, S. 11–25.

Heussler, Olivia / Malou Muralt / Dieter Oswald / Daniel Schäubli / Andi Zai: *Züri brännt*. Zürich: Verlag ohne Zukunft 1981.

Hofmeister, Sabine: Verwildernde Naturverhältnisse. Versuch über drei Formen der Wildnis. In: *Das Argument* 279 (2008), S. 813–826.

Höge, Helmut: Gefährliche Exoten. Bio-Invasion: Verwilderte Haustiere und Zierpflanzen verdrängen die einheimische Flora und Fauna. Ist das ein Grund, sie auszurotten? In: *taz*, 07.05.2014, S. 13.

Holm, Andrej: Gentrification in Berlin. Neue Investitionsstrategien und lokale Konflikte. In: Heike Herrmann / Carsten Keller / Rainer Neef / Renate Ruhne (Hrsg.): *Die Besonderheit des Städtischen. Entwicklungslinien der Stadt(soziologie).* Wiesbaden: VS 2011, S. 213–232.

Kamleithner, Christa: „Regieren durch Community": Neoliberale Formen der Stadtplanung. In: Matthias Drilling / Olaf Schnur (Hrsg.): *Governance der Quartiersentwicklung. Theoretische und praktische Zugänge zu neuen Steuerungsformen.* Wiesbaden: VS 2009, S. 29–47.

Kegel, Bernhard: *Tiere in der Stadt. Eine Naturgeschichte.* Köln: DuMont 2013.

Kellersohn, Helmut: Risse im Gebälk. Flügelkämpfe in der jungkonservativen Neuen Rechten und der AfD. In: Alexander Häusler (Hrsg.): *Die Alternative für Deutschland. Programmatik, Entwicklung und politische Verortung.* Wiesbaden: Springer VS 2016, S. 181–200.

Kimmich, Dorothee / Schamma Schahadat: Einleitung. In: Dies. (Hrsg.): *Kulturen in Bewegung. Beiträge zur Theorie und Praxis der Transkulturalität.* Bielefeld: Transcript 2012, S. 7–24.

Kleinschmidt, Harald: *Migration und Integration. Theoretische und historische Perspektiven.* Münster: Westfälisches Dampfboot 2011.

kna: Grüne Gemeinschaft. Wie ein neuer Garten-Trend Mailand verändert. In: *FR*, 22.09.2015, S. 39.

Koch, Cédric / Franziska Schultess: Fauna mit Migrationshintergrund. Naturschutz: Die meisten neuen Tier- und Pflanzenarten sind harmlos. Doch manche gefährden das heimische Ökosystem. In: *taz*, 11.12.2012, S. 4.

Körner, Stefan: Kontinuum und Bruch. Die Transformation des naturschützerischen Aufgabenverständnisses nach dem Zweiten Weltkrieg. In: Joachim Radkau / Frank Uekötter (Hrsg.): *Naturschutz und Nationalsozialismus.* Frankfurt am Main / New York: Campus 2003, S. 405–434.

Körner-Blätgen, Nadine / Gabriele Sturm: *Internationale Migration in deutsche Großstädte* (= *BBSR-Analyse Kompakt* 11 (2015). Informationen aus der vergleichenden Stadtbeobachtung). Bonn: BBSR 2015.

Kriesi, Hanspeter: *Die Zürcher Bewegung. Bilder, Interaktionen, Zusammenhänge.* Frankfurt am Main / New York: Campus 1984.

Krings-Heckemeier, Marie-Therese / Ulrich Pfeiffer: *Überforderte Nachbarschaften. Soziale und ökonomische Erosion in Großsiedlungen.* Köln / Berlin: GdW 1998.

Kühne, Olaf: *Stadt – Landschaft – Hybridität. Ästhetische Bezüge im postmodernen Los Angeles mit seinen modernen Persistenzen.* Wiesbaden: VS 2012.

Küster, Hansjörg: *Geschichte des Waldes. Von der Urzeit bis zur Gegenwart.* München: Beck 1998.

Lüdemann, Susanne: *Metaphern der Gesellschaft. Studien zum soziologischen und politischen Imaginären*. München: Fink 2004.

McKenzie, Roderick D.: The Ecological Approach to the Study of the Human Community. In: Ders. / Robert E. Park / Ernest W. Burgess (Hrsg.): *The City* [1925]. Chicago / London: University of Chicago Press 1967, S. 63–79.

Michel, Boris: *Stadt und Gouvernementalität*. Münster: Westfälisches Dampfboot 2005.

Müller, Anna-Lisa: *Green Creative City*. Konstanz: UVK 2013.

Müller, Christa: Sehnsuchtsstadt statt Landlust. Wie postindustrielle Sehnsuchtsorte des Selbermachens und der Naturbegegnung neue Bilder von Urbanität entwerfen. In: Marco Thomas Bosshard / Jan-Dirk Döhling / Rebecca Janisch / Mona Motakef / Angelika Münter / Alexander Pellnitz (Hrsg.): *Sehnsuchtsstädte. Auf der Suche nach lebenswerten urbanen Räumen*. Bielefeld: Transcript 2013, S. 141–151.

Multikulti im Tierreich. Immer mehr fremde Arten siedeln sich in Europa an. Artenschützer sorgen sich um Erhalt und Reinheit der heimischen Fauna. In: *Spiegel*, 02.02.1998, S. 196–197.

Nauck, Bernhard: Sozial-ökologischer Kontext und außerfamiliäre Beziehungen. Ein interkultureller und interkontextueller Vergleich am Beispiel von deutschen und türkischen Familien. In: Jürgen Friedrichs (Hrsg.): *Soziologische Stadtforschung* (= *Kölner Zeitschrift für Soziologie und Sozialpsychologie*, Sonderheft 29). Opladen: Westdeutscher Verlag 1988, S. 310–327.

Nentwig, Wolfgang (Hrsg.): *Unheimliche Eroberer. Invasive Pflanzen und Tiere in Europa*. Bern / Stuttgart / Wien: Haupt 2011.

—: Einführung. Von Eroberern und Verlierern. In: Ebd., S. 7–19.

—: Invasive Pflanzen. Einleitung. In: Ebd., S. 21–23.

—: Schlussfolgerungen. Kontrolle und Bekämpfung. In: Ebd., S. 229–234.

Offer, Christian: Pflanzen mit Migrationshintergrund. Eingewanderte Pflanzenarten können die biologische Vielfalt gefährden. In: *Robin Wood Magazin* 107,4 (2010), S. 10.

Opitz, Sven: *Gouvernementalität im Postfordismus. Macht, Wissen und Techniken des Selbst im Feld unternehmerischer Rationalität*. Hamburg: Argument 2004.

Paech, Niko: *Befreiung vom Überfluss. Auf dem Weg in die Postwachstumsökonomie*. München: Oekom 2012.

Park, Robert E. / Ernest W. Burgess: *Introduction to the Science of Sociology*. Chicago: The University of Chicago Press 1928.

Pütz, Robert: Business Improvement District. In: Nadine Marquardt / Verena Schreiber (Hrsg.): *Ortsregister. Ein Glossar zu Räumen der Gegenwart*. Bielefeld: Transcript 2012, S. 50–56.

Radtke, Frank-Olaf: Nationale Multikulturalismen. Bezugsprobleme und Effekte. In: Sabine Hess / Jana Binder / Johannes Moser (Hrsg.): *No Integration?! Kulturwissenschaftliche Beiträge zur Integrationsdebatte in Europa*. Bielefeld: Transcript 2009, S. 37–50.

Reckwitz, Andreas: *Die Erfindung der Kreativität. Zum Prozess gesellschaftlicher Ästhetisierung*. Berlin: Suhrkamp 2012.

Reichholf, Josef H.: *Stadtnatur. Eine neue Heimat für Tiere und Pflanzen*. München: Oekom 2007.

—: Buchbesprechung: Nentwig, Wolfgang (Hrsg.): Unheimliche Eroberer. Invasive Pflanzen und Tiere in Europa. In: *Mitteilungen der Zoologischen Gesellschaft Braunau* 10,2 (2011), S. 212–213.

Reynolds, Richard: *Guerilla Gardening. Ein botanisches Manifest*. Freiburg i.Br.: Orange 2009.

Rieger, Stefan: Die Pflanzen der Abwehr – die Abwehr der Pflanzen. In: Claus Pias (Hrsg.): *Abwehr. Modelle – Strategien – Medien*. Bielefeld: Transcript 2009, S. 53–69.

Rittich, Werner: *Deutsche Kunst der Gegenwart*, Bd. 2: Malerei und Graphik. Breslau: Hirt 1943.

Ritzer, Ivo: Medienkultur, Transgression, Affekt. Zu Tabubrüchen in Fernsehserien. In: *Indes. Zeitschrift für Politik und Gesellschaft* 2 (2014), S. 30–38.

Ronneberger, Klaus / Vassilis Tsianos: Panische Räume. Das Ghetto und die „Parallelgesellschaft". In: Sabine Hess / Jana Binder / Johannes Moser (Hrsg.): *No Integration?! Kulturwissenschaftliche Beiträge zur Integrationsdebatte in Europa*. Bielefeld: Transcript 2009, S. 137–152.

Sarrazin, Thilo: *Deutschland schafft sich ab. Wie wir unser Land aufs Spiel setzen*. 5. Aufl. München: DVA 2010.

Scheich, Elvira / Karen Wagels: Räumlich / Körperlich: Transformative *gender*-Dimensionen von Natur und Materie. In: Dies. (Hrsg.): *Körper – Raum – Transformation. gender-Dimensionen von Natur und Materie*. Münster: Westfälisches Dampfboot 2011, S. 7–30.

Scherzinger, Wolfgang: *Naturschutz im Wald. Qualitätsziele einer dynamischen Waldentwicklung*. Stuttgart: Ulmer 1996.

Schliecker, Annelie: Alternative und Feministische Architektur. In: Klaus-Jürgen Scherer / Fritz Vilmar (Hrsg.): *Ein alternatives Sozialismuskonzept: Perspektiven des Ökosozialismus*. 3., korr. Aufl. Berlin: Stattbuch 1984, S. 346–371.

Schmitz, Markus: Orientalismus, Gender und die binäre Matrix kultureller Repräsentationen. In: Regina Göckede / Alexandra Karentzos (Hrsg.): *Der Orient, die Fremde. Positionen zeitgenössischer Kunst und Literatur*. Bielefeld: Transcript 2006, S. 39–66.

Schneider, Irmela: Von der Vielsprachigkeit zur „Kunst der Hybridation". Diskurse des Hybriden. In: Dies. / Christian W. Thomsen (Hrsg.): *Hybridkultur: Medien, Netze, Künste.* Köln: Wienand 1997, S. 13–66.

Seyfried, Gerhard: *Invasion aus dem Alltag.* Berlin-West: Rotbuch 1981.

Spengler, Oswald: *Der Untergang des Abendlandes. Umrisse einer Morphologie der Weltgeschichte* [1923]. München: Beck 1981.

Spivak, Gayatri Chakravorty: *Kritik der postkolonialen Vernunft. Hin zu einer Geschichte der verrinnenden Gegenwart* [1999], aus d. Engl. v. Nadine Böhm-Schnitker / Doris Feldmann / Barbara Gabel Cunningham / Christian Krug / Andreas Nehring. Stuttgart: Kohlhammer 2014.

—: *Righting Wrongs. Unrecht richten* [2004], aus d. Engl. v. Sonja Finck / Janet Keim. Zürich / Berlin: Diaphanes 2008.

Steets, Silke: Die Stadt als Wohnzimmer und die Floridarisierung der Stadtpolitik. In: Heike Herrmann / Carsten Keller / Rainer Neef / Renate Ruhne (Hrsg.): *Die Besonderheit des Städtischen. Entwicklungslinien der Stadt(soziologie).* Wiesbaden: VS 2011, S. 87–103.

Strauß, Botho: Der letzte Deutsche. Uns wird die Souveränität geraubt, dagegen zu sein. In: *Spiegel*, 02.10.2015, S. 122–124.

Terkessidis, Mark: *Kulturkampf. Volk, Nation, der Westen und die Neue Rechte.* Köln: Kiepenheuer & Witsch 1995.

—: Globale Kultur in Deutschland. Der lange Abschied von der Fremdheit. In: Andreas Hepp / Rainer Winter (Hrsg.): *Kultur – Medien – Macht. Cultural Studies und Medienanalyse.* Wiesbaden: VS 2006, S. 311–325.

Termeer, Marcus: *Verkörperungen des Waldes. Eine Körper-, Geschlechter- und Herrschaftsgeschichte.* Bielefeld: Transcript 2005.

—: *Münster als Marke. Die „lebenswerteste Stadt der Welt", die Ökonomie der Symbole und ihre Vorgeschichte.* Münster: Westfälisches Dampfboot 2010.

—: Was wird hier eigentlich sichtbar? Oder: Wie ist Subversion im gegenwärtigen Kapitalismus möglich? In: *Nebulosa. Zeitschrift für Sichtbarkeit und Sozialität* 2 (2012): Subversion, S. 14–25.

Theweleit, Klaus: *Männerphantasien,* Bd. 1: Frauen, Fluten, Körper, Geschichte. Frankfurt am Main: Roter Stern 1977.

Verordnung (EU) Nr. 1143/2014 des Europäischen Parlaments und des Rates vom 22. Oktober 2014 über die Prävention und das Management der Einbringung und Ausbringung invasiver gebietsfremder Arten. In: *Amtsblatt der Europäischen Union* L 317, 04.11.2014, S. 35–55.

Voigt, Annette: ‚Wie sie ein Ganzes bilden' – analoge Deutungsmuster in ökologischen Theorien und politischen Philosophien der Vergesellschaftung. In: Thomas Kirchhoff / Ludwig Trepl (Hrsg.): *Vieldeutige Natur. Landschaft, Wildnis und Ökosystem als kulturgeschichtliche Phänomene.* Bielefeld: Transcript 2009, S. 331–347.

Walter, Otto F.: Aus Beton wird Gras. In: Sozialdemokratische Partei der Stadt Zürich (Hrsg.): *Eine Stadt in Bewegung. Materialien zu den Zürcher Unruhen*. Zürich: SP Stadt Zürich 1980, S. 116–117.

Weber, Florian Daniel: *Soziale Stadt – Politique de la Ville – Politische Logiken. (Re-)Produktion kultureller Differenzierungen in quartiersbezogenen Stadtpolitiken in Deutschland und Frankreich*. Wiesbaden: Springer VS 2013.

Weber, Jutta: *Umkämpfte Bedeutungen. Naturkonzepte im Zeitalter der Technoscience*. Frankfurt am Main / New York: Campus 2003.

Wehrheim, Jan: *Die überwachte Stadt. Sicherheit, Segregation und Ausgrenzung*. 2., völlig überarb. u. aktual. Aufl. Opladen: Budrich 2006.

Weigel, Sigrid: *Topographien der Geschlechter. Kulturgeschichtliche Studien zur Literatur*. Reinbek: Rowohlt 1990.

Weil, Simone: *Die Verwurzelung. Vorspiel zu einer Erklärung der Pflichten dem Menschen gegenüber* [1943]. Zürich: Diaphanes 2011.

Welsch, Wolfgang: Was ist eigentlich Transkulturalität? In: Dorothee Kimmich / Schamma Schahadat (Hrsg.): *Kulturen in Bewegung. Beiträge zur Theorie und Praxis der Transkulturalität*. Bielefeld: Transcript 2012, S. 25–40.

Wolschke-Bulmahn, Joachim: Gärten, Natur und völkische Ideologie. In: Rainer Hering (Hrsg.): *Die Ordnung der Natur. Vorträge zu historischen Gärten und Parks in Schleswig-Holstein*. Hamburg: Hamburg UP 2009, S. 143–187.

Zimmermann, Felix: „Ich habe Füße, keine Wurzeln". Überleben: Die Literaturwissenschaftlerin Ruth Klüger kam als Kind ins KZ. Ein Gespräch über rettende Verse. In: *taz*, 03./04.11.2012, S.26–27.

Internet

#refugeeswelcome. Wir helfen. Die große Bild-Aktion. http://www.bild.de/news/topics/fluechtlingshilfe/wir-helfen-buehne-42385428.bild.html (Zugriff am 25.07.2016).

Allmende-Kontor: Vernetzung von Gemeinschaftsgärten. http://www.allmende-kontor.de/index.php?id=12:vernetzung&catid=2:uncategorised (Zugriff am 09.07.2016).

Amadeu Antonio Stiftung: Chronik flüchtlingsfeindlicher Vorfälle. https://www.mut-gegen-rechte-gewalt.de/service/chronik-vorfaelle (Zugriff am 25.07.2016).

Auswertung des Mikrozensus: Jeder Fünfte in Deutschland hat ausländische Wurzeln. In: *Spiegel*, 14.11.2014. http://www.spiegel.de/politik/deutschland/jeder-fuenfte-in-deutschland-hat-auslaendische-wurzeln-a-1003003.html (Zugriff am 11.03.2016).

Backfisch, Michael: Wie Frontex die Grenzen Europas schützen soll. In: *WAZ*, 29.10.2015. http://www.derwesten.de/politik/wie-frontex-die-grenzen-europas-schuetzen-soll-id11229197.html (Zugriff am 11.07.2016).

be Berlin: Kampagnenjahre 2008–2013. 5 Jahre Standortmarketing. http://www.sei.berlin.de/kampagne/kampagnenjahre (Zugriff am 12.07.2016).

Bolz, Ben / Johannes Jolmes: Deutsche Frauen: Bedroht von „lüsternen Flüchtlingen"? http://daserste.ndr.de/panorama/archiv/2015/Deutsche-Frauen-Bedroht-von-Fluechtlingen,rassismus126.html (Zugriff am 16.07.2016).

Bosco Verticale: Interiors. http://www.residenzeportanuova.com/en/residences-bosco-verticale/ (Zugriff am 28.07.2016).

Buhr, Christoph / NABU-Fachgruppe Botanik: Immer Ärger mit den Neophyten? Jahresbericht 2012 der Botaniker. http://www.nabu-potsdam.de/unsere-fachgruppen/botanik/ (Zugriff am 26.07.2016).

dpa: Ein Siegfried mit türkischen Wurzeln in Worms. In: *Süddeutsche Zeitung*, 11.04.2016. http://www.sueddeutsche.de/news/kultur/theater-ein-siegfried-mit-tuerkischen-wurzeln-in-worms-dpa.urn-newsml-dpa-com-20090101-160411-99-541455 (Zugriff am 12.04.2016).

—: Linda Zervakis will ihr Temperament zügeln. In: *Focus*, 20.04.2013. http://www.focus.de/panorama/boulevard/medien-linda-zervakis-will-ihr-temperament-zuegeln_aid_966445.html (Zugriff am 23.07.2016).

Erol Sander: „Ich bin a Münchner, a Bayer, a Deutscher". In: *Welt*, 09.01.2013. http://www.welt.de/newsticker/leute/stars/article112636885/Erol-Sander-Ich-bin-a-Muenchner-a-Bayer-a-Deutscher.html (Zugriff am 29.07.2016).

Festung Europa. https://www.proasyl.de/thema/festung-europa/ (Zugriff am 28.07.2016).

Frankenberger, Klaus-Dieter: Überfordertes Deutschland. In: *FAZ*, 28.07.2015. http://www.faz.net/aktuell/politik/inland/kommentar-von-klaus-dieter-frankenberger-zu-fluechtlingsunterbringung-13722517.html (Zugriff am 20.07.2016).

Füller, Henning / Nadine Marquardt / Georg Glasze / Robert Pütz: Urbanität nach exklusivem Rezept. Die Ausdeutung des Städtischen durch hochpreisige Immobilienprojekte in Berlin und Los Angeles. In: *sub\urban. zeitschrift für kritische stadtforschung* 1,1 (2013), S. 31–48. www.zeitschrift-suburban.de/sys/index.php/suburban/article/view/3 (Zugriff am 12.07.2016).

Fünf Morgen: Ökologie. http://www.5morgen.de/index.php/oekologie.html (Zugriff am 28.07.2016).

—: Service & Shopping. http://www.5morgen.de/index.php/service-shopping.html (Zugriff am 28.07.2016).

—: Urban Village. http://www.5morgen.de/index.php/urban-village.html (Zugriff am 28.07.2016).

—: Wasser & Natur. http://www.5morgen.de/index.php/wasser-natur.html (Zugriff am 28.07.2016).

Füßler, Claudia / Petra Kistler: So funktioniert Urban Gardening in Freiburg. In: *Badische Zeitung*, 11.05.2015. http://www.badische-zeitung.de/haus-garten-2/so-funktioniert-urban-gardening-in-freiburg--104623917.html (Zugriff am 26.07.2016).

Grüne Liga Berlin: BERLINGOESGREEN. Der Stadtführer zu den grünen Seiten Berlins. http://berlingoesgreen.de/ (Zugriff am 27.07.2016).

Harting, Mechthild: Einwanderer in grüne Welten. Es grünt und blüht – doch längst nicht alles sind einheimische Gewächse. Exoten wurden über die Jahrhunderte gepflanzt, aber auch eingeschleppt. In: *FAZ*, 19.04.2011. http://www.faz.net/aktuell/rhein-main/region/gaerten-in-rhein-main-einwanderer-in-gruene-welten-1610033.html (Zugriff am 15.07.2016).

Hellmann, Frank: Wolfsburger Sinneswandel. In: *Stuttgarter Zeitung*, 23.12.2012. http://www.stuttgarter-zeitung.de/inhalt.trainerwechsel-in-wolfsburg-wolfsburger-sinneswandel.a5c43f2d-837c-4f07-9903-8a712f70697a.html (Zugriff am 20.07.2016).

Hess, Sabine / Henrik Lebuhn: Politiken der Bürgerschaft. Zur Forschungsdebatte um Migration, Stadt und citizenship. In: *sub\urban. zeitschrift für kritische stadtforschung* 2,3 (2014), S. 11–34. http://www.zeitschrift-suburban.de/sys/index.php/suburban/article/view/153/241 (Zugriff am 12.07.2016).

jca: Bäume und Sträucher statt Plattenbauten: „Urbaner Wald“ in Leipzig-Grünau freigegeben. In: *Leipziger Volkszeitung*, 26.07.2013. http://www.lvz.de/Leipzig/Lokales/Baeume-und-Straeucher-statt-Plattenbauten-Urbaner-Wald-in-Leipzig-Gruenau-freigegeben (Zugriff am 28.07.2016).

kgi / AFP: Biograf enthüllt: Angela Merkel hat polnische Wurzeln. In: *stern*, 13.03.2013. http://www.stern.de/politik/deutschland/biograf-enthuellt-angela-merkel-hat-polnische-wurzeln-1983539.html (Zugriff am 11.07.2016).

Kiesel, Robert: Moderne Nazis. Wofür die „Identitäre Bewegung Deutschland“ wirklich steht. In: *vorwärts*, 30.06.2015. http://www.vorwaerts.de/artikel/wofuer-identitaere-bewegung-deutschland-wirklich-steht (Zugriff am 11.07.2016).

Kipphoff, Petra: Alpendämmerung. Hybrid: Junge Schweizer Kunst in der Zürcher Ausstellung „Freier Blick aufs Mittelmeer“. In: *Zeit*, 18.06.1998, S. 1–2. http://www.zeit.de/1998/26/Alpendaemmerung (Zugriff am 25.07.2016).

Linda Zervakis neue Sprecherin der 20-Uhr-Tagesschau. http://www.daserste.de/specials/ueber-uns/aktuelle-meldungen-19042013-zervakis-tagesschausprecherin100.html (Zugriff am 23.07.2016).

Löwenzahn: Intro. https://www.youtube.com/watch?v=vhmgPDugBrQ (Zugriff am 07.07.2016).

Maier, Anja / Sabine am Orde: Philipp Rösler über Hass. In: *taz*, 10.09.2013. http://www.taz.de/1/archiv/digitaz/artikel/?ressort=hi&dig=2013%2F09%2F10%2Fa0094&cHash=c4ca33056577e6c9474ca0df98b4cef1 (Zugriff am 20.06.2016).

Maier, Josephina: Vorsicht Fremde! Exotische Tiere und Pflanzen werden in Europa heimisch. Manche sind gefährlich. In: *Zeit*, 10.06.2009, S. 1–4. http://www.zeit.de/2009/25/N-invasive-Arten (Zugriff am 15.07.2016).

Marthashof: Pressetext Marthashof. http://www.yumpu.com/de/document/view/15765791/pm-marthashof (Zugriff am 09.07.2016).

Matussek, Matthias: „Deutschland fluten? Da möchte ich gefragt werden." In: *Welt*, 28.09.2015. http://www.welt.de/politik/deutschland/article146941915/Deutschland-fluten-Da-moechte-ich-gefragt-werden.html (Zugriff am 11.07.2016).

Müller, Jan Christian: Ware Fußballprofi. Die Methode Magath. In: *FR*, 03.02.2011. http://www.fr-online.de/sport/ware-fussballprofi-die-methode-magath,1472784,7148752.html (Zugriff am 24.07.2016).

Neue Deutsche fordern mehr Mitspracherecht. In: *MiGAZIN*, 10.02.2015. http://www.migazin.de/2015/02/10/neue-deutsche-fordern-mehr-mitspracherecht/ (Zugriff am 27.07.2016).

Neue Deutsche Medienmacher. http://www.neuemedienmacher.de/ (Zugriff am 27.07.2016).

Prahl, Sylvia: Mit großer Geste. Kein nostalgisches Reenactment und trotzdem mit Tanzpalast-Flair: Die Berliner Sängerin Sharon Brauner und ihr neues Album „Lounge Jewels". In: *taz*, 03.05.2013. http://www.taz.de/!5068192/ (Zugriff am 27.07.2016).

Presseamt Münster: „OptiMa": Mitarbeiter verbessern Arbeitsprozesse. http://www.muenster.de/stadt/presseservice/custom/news/show/920138 (Zugriff am 26.07.2016).

Residenze Porta Nuova: Security. http://www.residenzeportanuova.com/en/residences-bosco-verticale/ (Zugriff am 28.07.2016).

Rösemeier, Jürgen: Nachhaltig Bauen: Der erste vertikale Wald der Welt. http://www.ecowoman.de/24-natur-umwelt/887-nachhaltig-bauen-der-erste-vertikale-wald (Zugriff am 20.07.2016).

Schmidt, Thilo: Rassismus in popkultureller Verpackung. „Identitäre Bewegung" schürt Fremdenhass im Internet. http://www.deutschlandfunk.de/rassismus-in-popkultureller-verpackung.862.de.html?dram:article_id=242651 (Zugriff am 26.07.2016).

Schulzek, Daniel: Stars mit deutschen Wurzeln. Hollywood aus Germany. In: *Rheinische Post*, 28.09.2007. http://www.rp-online.de/panorama/leute/hollywood-aus-germany-aid-1.2030408 (Zugriff am 26.06.2016).

Soziale Stadt Weingarten-West. http://www.freiburg.de/pb/,Lde/344685.html (Zugriff am 28.07.2016).

Stöcker, Martina: Eurovision Song Contest 2016: Xavier Naidoo ist der falsche Kandidat. In: *Rheinische Post*, 19.11.2015. http://www.rp-online.de/kultur/musik/eurovision/eurovision-song-contest-2016-xavier-naidoo-der-falsche-kandidat-aid-1.5571777 (Zugriff am 12.07.2016).

Strandcafe Frankfurt: „Unter dem Pflaster liegt der Strand“. http://www.strandcafe-frankfurt.de/ (Zugriff am 15.07.2016).

—: Primore Catering. http://www.primore-catering.de (Zugriff am 15.07.2016).

—: Primore Catering. Referenzen. http://www.primore-catering.de/referenzen.htm (Zugriff am 15.07.2016).

Trixa, Maria: Eklat: Freiwild entscheiden sich für Echo-Boykott. In: *Focus*, 21.03.2014. http://www.focus.de/kultur/musik/echo-freiwild-berlin-freiwild-kommen-nicht-zur-echo-verleihung_id_3705599.html (Zugriff am 15.07.2016).

Trust, Oliver: Der Meisterdiener. In: *taz*, 02.05.2005. http://www.taz.de/1/archiv/?dig=2005/05/02/a0257 (Zugriff am 24.07.2016).

„Wir wurden für Verrückte gehalten.“ Architekt Stefan Boeri pflanzte einen zwei Hektar großen Wald auf Balkone von Hochhäusern. Ein Gespräch über Öko-Architektur und neue Ideen. In: *Kurier*, 17.03.2015. http://kurier.at/wohnen/wir-wurden-fuer-verrueckte-gehalten/119.216.982 (Zugriff am 28.07.2016).

Wißmann, Constantin: Urban Gardening. Stadtluft macht Blei. In: *enorm*, 31.05.2014. http://www.spiegel.de/wirtschaft/urban-gardening-die-versorgung-der-staedte-neu-organisieren-a-970305.html (Zugriff am 26.07.2016).

Wozelka, Inge: Gestatten, Familie Reinecke. Füchse sind die neuen Nachbarn. In: *Express*, 03.11.2010. http://www.express.de/koeln/gestatten--familie-reinecke-fuechse-sind-die-neuen-nachbarn-17848374 (Zugriff am 20.07.2016).

Zervakis, Linda: Vita. http://www.lindazervakis.de/ (Zugriff am 23.07.2016).

Filmographie

Body Snatchers (*Body Snatchers – Angriff der Körperfresser*, USA 1993, R: Abel Ferrara).

e nachtlang füürland (*Eine Nachtlang Feuerland*, CH 1981, R: Clemens Klopfenstein / Remo Legnazzi).

Invasion der Pflanzen. Gefahr für Mensch und Umwelt? (D/F 2014, R: Ingo Thöne).

Löwenzahn (D 1981–2016, R: Tim Moores u. a.).

Roots (USA 1977, R: Marvin J. Chomsky u. a.).

The Asphalt Jungle (*Asphalt-Dschungel*, USA 1950, R: John Huston).

Relationen. Essays zur Gegenwart

hrsg. von David Jünger / Jessica Nitsche / Sebastian Voigt

Bisher erschienen

Bd. 1: Miriam N. Reinhard:
Von der Schwelle.
Diana. Ihr eigener Tod in der Ordnung der Anderen

Bd. 2: Jonas Nesselhauf / Markus Schleich (Hrsg.):
Gegenwart in Serie.
Abgründige Millieus im aktuellen Qualitätsfernsehen

Bd. 3: Micha Brumlik:
Wann, wenn nicht jetzt?
Versuch über die Gegenwart des Judentums

Bd. 4: Gerald Lind / Doris Pany (Hrsg.):
Ambivalenzraum Universität

Bd. 5: Nora Weinelt:
Minimale Männlichkeit.
Figurationen und Refigurationen des Anzugs

Bd. 6: Marcus Termeer:
Menschen mit fremden Wurzeln
in hybriden Stadtlandschaften.
Versuch über Identität und Urbanität
im Postfordismus

In Planung

Bd. 7: Johannes Spohr:
Verheerende Bilanz: Der Antisemitismus der Linken.
Klaus Rózsa und Wolfgang Seibert zwischen Abkehr,
kritischer Distanz und Aktivismus

Bd. 8: Diego Mantoan:
Autoritär, elitär & unzugänglich.
Kunst, Macht und Markt in der Gegenwart